漢娜的旅行箱

Hana's Suitcase

Karen Levine

凱倫·樂文——著　周惠玲——譯

獻給我的雙親——

海倫與吉爾・樂文

〔導讀〕

我讀《漢娜的旅行箱》——讓我們成為歷史追尋之旅的下一棒

這是一個透過旅行箱連結三個世界的故事：日本兒童的世界、大屠殺倖存者喬治現今在加拿大生活的世界，以及一個來自捷克斯洛伐克、死亡多年的猶太女孩和她所失去的世界。因為，關注一個旅行箱，以及它背後所象徵的苦難，經由「小翅膀」們的提問，引領著日本教師石岡史子走上一段探索、追尋的道路。

這趟師生共築的歷史之旅把猶太大屠殺的歷史立體化了，包括漢娜短暫而真實的生命；她的幸福、恐懼、悲傷都有機會被理解、被詮釋，世人也得以透過漢娜的故事理解猶太人的苦難，使得她早夭的人生產生巨大的意義。

這是一個「由下而上」的歷史教學方法，一個由孩子串連起「是誰？」「從哪裡來？」「去哪裡？」「發生什麼事？」「為什麼？」的提問，促使教師一層層深入歷史事件的核心，在追尋中把故事建構出來。這讓歷史不再只是一門背誦文字的學科，而成為一股促使思考和追尋的動力。就這點來說，本書不但提供一個很好的教材，同時，也是一個很勵志的教學故事。

然而，這也是一個悲傷的故事。雖是帶著旅行箱離家，漢娜並沒有去旅行。她是去見證了地獄，一個執政者用極端偏差的意識形態所構築出來的地獄，並且被迫投入其中。如果故事只停留在這裡，那麼，這充其量只是一個關於「他人」的苦難故事，學生讀完唯一能獲得的心得是：「還好，那不是我！」而這段歷史最終也只能淪為一則「古今多少事，盡付笑談中」的奇聞軼事。

缺乏理解的故事只是歷史的殘忍，這不是歷史教育的目的。通常，重要的歷史故事都很痛，特別是近現代的政治史。身為一名歷史教師，如何把這樣的痛苦傳達出來、吸引生活相對安逸的學生注意到這樣的苦難，正是歷史教學要面對的首要難題。

歷史教師們多半都很擅長、也樂於講故事，但是那些過程驚心動魄、能夠勾起澎湃情感的故事，並不是一種促成記憶的工具，而是為了刺激學生思考、提問，使其生活與真實世界產生連結的橋梁。歷史教師說故事的目的，在於為之後的問題埋下伏筆，我們想要做的，是帶領學生追問：「然後呢？」

精彩的歷史課堂經常是好問題與澎湃的好奇心相互激盪而促成的。有時候，教師基於豐富的研究經驗而能提出好問題來引領學生；有時候，教師則必須扮演充滿好奇心的探問者，給學生做示範，促成學生發展出自己的問題。真正的歷史探究往往在於故事之後的提問。但是，這裡的提問不只是故事情節的發展、時序上的「後來怎麼了」，而是去探索故事的整體時代結構和制度，從這些面向撥開故事的紋理，去進入真正的理解。

在見證漢娜經歷大屠殺的苦難故事之後，小翅膀們的生活和二次大戰時猶太人的受難發生了連結，他們決定把故事告訴更多的人，為了漢娜、為了同一個集中營裡受難的一萬五千名無辜的猶太兒童，他們立志要創造一個不同的世界，要讓世界和平，大屠殺永遠不再發生。這是追尋之後的反思，從此，他們自願地為他人的苦難負起責任。面對孩子們的主動性，閱讀本書的我們，難道不該是這趟追尋之旅的下一棒嗎？

我們可不可以進一步去追問：「僅僅因為身分是猶太人，漢娜就應該受害嗎？」「當時的社會情境如何？當時的人何以容許這種事情發生？」「這個情境還有可能再發生嗎？」以及「加害者呢？」

納粹大屠殺經常被理解為是基於歧視而針對特定種族所進行的屠殺，卻很少看到這是政府對其統治下（無論是對國內人民或戰時占領地區）的人民遂行財產權、自由權、生命權剝奪的國家暴力，這是反人類罪，而不是戰爭行為。台灣的歷史教科書都會交代這一段歷史的發展，但是往往只停留在「法西斯」、「極權政府的暴行」這類空洞的抽象詞彙。以至於我們的社會不時仍發生以納粹扮裝取樂的事件，拿集中營的建築、納粹的軍裝、禮儀式開玩笑。當然，我們也就對自身社會的轉型正義顯得無感。

現代史中，世界各地都曾出現政府以合法的國家暴力對治下「非我族類」的人民犯下恐怖的暴行。納粹德國以一系列的紐倫堡法案執行對猶太人的驅逐，以及財產權、自由權及生命的剝奪。一九五〇年代，從南韓、台灣到馬來西亞和印尼，都有以反共政策為名的法律，對被指為「異議份子」者進行國家暴力的剝奪，而面對這些作為，我們一概都只當作是可以一掬同情之淚的受害者故事。因為我們不去探究結構的原因，不去問為什麼，所以，距離較遠的悲劇就拿來窺奇，至於自己腳下這片土地過往發生的悲劇，則視為一種髒污，只想快一點兒拋開，或者最好視而不見。可見，如果歷史教育沒有落實，轉型正義就無法成為可能。

人們往往不容易去面對歷史中的苦難，這些苦難在這個追求小確幸的時代，非常不討人喜歡。然而，只有透過提問與追尋將苦難立體化，讓當下的生活與過往產生連結，用理解之後流下的淚水洗滌自我，在歷史中看見人性美醜的極致，將歷史詮釋出意義，然後，我們才可能帶著理解和愛，一起面對未來。

黃惠貞／新北市立板橋高中歷史科教師

〔推薦序〕

一個旅行箱的追尋之旅

任何人的死亡總難免帶來哀傷，但沒有比一個年輕生命的死亡更叫人悲痛的了，因為他／她原本應該擁有美好的未來。二次世界大戰期間，有很多前程似錦的人就因為納粹大屠殺而成為無數揪心的悲劇。很多人會立刻聯想到《安妮的日記》一書，可是這本《漢娜的旅行箱》卻讓許多不同世界的人連結在一起，讓我們看見一個奇妙又感人的故事。

二〇〇〇年的時候，差不多就在這場大屠殺結束的五十五年之後，有一位任職於「東京大屠殺教育資料中心」的教師石岡史子，因為一群孩子的啟發，而投入了一場宛如敘事史詩的追尋，讓一個破舊旅行箱上的名字因此有了「生命」。當時，那個旅行箱只不過是從奧許維茲（Auschwitz）死亡營發現的數千個旅行箱中的一個。

很不尋常的是，這個乍看不起眼的旅行箱後來卻引導了世界各地的孩童，讓他們透過漢娜的故事，去理解這場可怕的歷史悲劇是如何發生的，並且促使他們謹記歷史的教訓。漢娜的故事提醒我們，要時時警惕那些非人道、歧視、偏狹的行為，以及因為沉默、冷漠與不關心，而坐視這些行為發生所帶來的後果。

這本書對於南非的教師們是一個有用的教材。當他們在教室裡教導學生認識恐怖大屠殺時，學生們往往因為時間與空間都距離這段歷史十分遙遠，要切身體會當時數百萬人所受到的迫害和死亡，並不是件容易的事。只有透過個人的生命故事，才能讓我們對這場悲劇感同身受。

漢娜出身於一個普通的猶太家庭，她對於未來也懷抱著平凡無奇的願望與夢想，就如同大多數的少女那樣。然而，未來卻拒絕了她，只因為她的出身，而不是因為她做了什麼，或者她的父母做了什麼。

對於南非這裡的年輕孩子來說，應該能夠認同漢娜的夢想，也不難辨認出那些加諸於她家人的歧視性法令，並且感受她家人被排除在社會之外、她父母被監禁，而她尚未長大就被迫承擔成人責任等種種遭遇。這些都能夠引起南非青少年的共鳴，就如同他們能夠理解自身的苦難歷史。

當我們克服種種困難而建設一個新的南非時，這本書提醒我們，每個人都應該被珍視，被視為具有無限的價值，無論彼此之間是否存在著差異。用這樣的態度，我們最終將能建立一個有愛而公平的社會。

漢娜曾經志願要成為一位教師，無庸置疑的，她透過這本小書已經完成了夢想。

榮譽大主教戴斯蒙．屠圖*
南非大屠殺基金會贊助人

*譯註：屠圖（Desmond Tutu, 1931-）是一九八四年諾貝爾和平獎得主、南非首位非裔聖公會大主教。他曾領導南非「真相與和解委員會」，促成了南非轉型正義。

〔題獻〕

致《漢娜的旅行箱》中文版讀者——來自捷克「特雷津博物館」的遙遠祝福

《漢娜的旅行箱》述說了一名叫「漢娜」的猶太女孩所發生的故事。二次世界大戰期間，就如同其他數以百萬計的猶太人，漢娜淪為納粹大屠殺的受難者。

納粹的入侵，改變了漢娜一家原本在捷克小鎮平靜快樂的生活。她的母親是家中第一位受害者。母親被帶走後，漢娜和哥哥喬治只剩下了父親。不幸的是，後來漢娜的父親也遭納粹逮捕，兩兄妹被迫依附叔叔過日子。不料某天，連漢娜和喬治也被傳喚流放了……這是貫穿全書兩條交錯的故事線之一。

而第二條故事線更為激勵人心，敘述一群日本師生如何以堅持不懈的努力，讓未來發生了美好的改變。二〇〇〇年，東京大屠殺教育資料中心的理事長石岡史子收到一只旅行箱，作為新參展的展品。箱子上標示的名字，說明了它的主人是「漢娜・布拉迪」。教育資料中心的志工孩童和石岡史子在好奇心的驅策下，決心拼湊出漢娜的故事。儘管調查過程屢屢受挫，彷彿是一件不可能的任務，但為了追尋漢娜的身世、讓世人認識這段慘痛的歷史，石岡史子不願放棄搜尋，而她的熱忱最終換來令人意想不到的驚喜。

曾有數以萬計的人步入特雷津的猶太區大門，這些人之中有些是名人，有些則是住在佔領區的尋常百姓。不管身分為何，在這樣的遭遇下，許多人透過藝術作品或英勇作為留下難以抹滅的個人印記，而這些事蹟多半已經被發掘出來、並且引起重視。而《漢娜的旅行箱》的故事，證實了即便戰爭已經結束了那麼多年，那些湮沒無聞的個人故事仍然可能重新被關注，並且發揮影響力，為後代的世人帶來省思與貢獻。

《漢娜的旅行箱》這個故事在世界各地的出版與流傳，代表著人類謹記著這段珍貴的歷史教訓。身為書中要角的捷克「特雷津博物館」（Terezín Memorial），我們非常榮幸能應台灣木馬文化出版社的邀請，為這本意義非凡的書在台灣的出版，獻上誠摯的祝福。

蜜海拉・多斯塔洛娃（Michaela Dostálová），

捷克特雷津博物館，二〇一八年十二月二十二日

目錄

前言

《漢娜的旅行箱》是一個真實的故事，過程幾乎長達七十年，而且橫跨了三個洲陸。它連結了一九三〇、四〇年代的一位捷克斯洛伐克少女和她的家人、現代日本東京的一位年輕女子和一群兒童，以及現今住在加拿大多倫多的一位男子。

在一九三九年至一九四五年期間，世界正發生大戰。納粹獨裁者阿道夫．希特勒想讓德國統治全世界。他的願景核心，就是以殘暴行動將猶太人從地球表面消滅。為了除去他所謂的「敵人」，他在歐洲各地設立了數十個關押犯人的營區——也就是所謂的「集中營」。

當時歐洲大陸上幾乎每個國家的猶太人，不管男女老幼，都被驅逐出境，他們被趕離自己的家園，然後送到集中營，在那裡經歷了殘酷的苦難折磨。許多人因此死於飢餓和疾病，但絕大多數是被屠殺的。在死亡營及其他各種集中營裡——希特勒的追隨者執行他的恐怖計畫——有六百萬的猶太人被屠殺。其中包括一百五十萬名猶太兒童。

一九四五年大戰結束，全世界才明白這些集中營裡曾發生過怎樣恐怖的暴行。從那之後，人們就努力想更深入理解今天所謂的「大屠殺」——人類歷史上最殘暴的「集體殺戮」，或說「滅族」案例是怎麼一回事。究竟它是怎麼發生的？我們又如何確定未來不會發生同樣的事情？

日本在二次大戰期間曾經是納粹德國的盟國，日本人關注大屠殺歷史是比較晚近的事。有一位匿名的日本捐款人希望能促進全球的寬容共存與國際交流。這位贊助者認為，讓日本的年輕人認識這段世界歷史是非常重要的，於是他捐助成立了「東京大屠殺教育資料中心」來致力於這項工作。

一九九九年，在一次認識大屠殺的兒童座談會裡，來自東京地區的兩百名學生和大屠殺的倖存者雅法·以利亞（Yaffa Eliach）會面。雅法告訴這些日本學生說，她村子裡的猶太人，不分老少，幾乎全部都被納粹屠殺了。在這場座談會的最後，她提醒聽眾，兒童擁有「在未來創造和平」的能力。其中有十幾位年輕的日本學生將她的砥礪放在心上，而組成了一個名叫「小翅膀」的團體。如今這群年紀從八歲到十二歲不等的小翅膀們，每個月都會聚會。他們出版新聞通訊，並協助「東京大屠殺教育資料中心」進行各項推廣活動，來喚醒其他的日本兒童去認識這段大屠殺的歷史。指導這群小翅膀的人就是石岡史子，她是「東京大屠殺教育資料中心」的理事長。

而這一只旅行箱，漢娜的旅行箱，就是這些小翅膀們成功完成任務的關鍵鑰匙。在這只旅行箱裡，有著一個極度哀傷和無限喜悅的故事，它是見證一段殘酷歷史的遺物，卻也是展望未來的希望。

日本東京，二〇〇〇年冬天

說真的，從外表看起來，那只是一個非常普通的旅行箱。箱子的邊角稍微有些磨損，但整體狀況良好。

它是棕色的。大大的。你可以塞很多東西進去——說不定一趟長途旅行所需要換洗的衣服都能塞得進去。還有書本、遊戲用品、珠寶、玩具。不過，現在箱子裡什麼也沒有。

每天都有孩子們來到日本東京的一間小博物館來看這只旅行箱。它被放在一個玻璃展示櫃裡。透過玻璃櫃，你可以看見旅行箱的表面寫了一些字。用白色顏料寫的字。那些字布滿了整個箱子的表面。上面有一個女孩的名字：漢娜·布拉迪。生日：一九三一年，五月十六日。另外還寫了一個字：**Waisenkind**，那是德文「孤兒」的意思。

漢娜（Hana Brady）的旅行箱。雖然她對自己名字的拼寫只有一個 n，但德文卻拼成兩個 n，所以箱子上的名字變成 Hanna。

日本的孩子們都知道這只旅行箱是從奧許維茲來的，那是一個集中營，從一九三九年至一九四五年的二次大戰期間，有數百萬人在那裡受虐並死亡。可是，這個漢娜．布拉迪是誰呢？她從哪裡來？要去哪裡？她曾經在這個旅行箱裡裝了什麼東西？她怎麼會變成孤兒？她是怎樣的一個女孩？又曾經發生過什麼事？

來看這只旅行箱的孩子們有好多疑問。這間博物館的理事長也是。她是一個年輕女人，有著黑色長髮和苗條身材。她的名字叫石岡史子。

史子和孩子們小心翼翼的將這只旅行箱從玻璃展示櫃裡拿出來，打開。他們察看了箱子的側邊口袋。也許漢娜留下了某些物品，那麼他們就有線索了。但什麼也沒有。他們又翻看了圓點花紋襯裡的底下。那裡同樣也沒有線索。

史子答應孩子們，會竭盡所能找出所有關於這個女孩（旅行箱主人）的故事，解開這些謎團。於是，在接下來的一年裡，史子搖身一變成為一名偵探，她尋遍了全世界，搜找各個線索，好拼湊出漢娜．布拉迪的故事。

捷克斯洛伐克 諾夫梅斯托納馬瑞夫小鎮，一九三〇年代

那時這個國家還叫作「捷克斯洛伐克」（Czechoslovakia）。國境之內，在一片綿延起伏的山丘中央，就位於摩拉維亞（Moravia）省境內，有一個名叫「諾夫梅斯托納馬瑞夫」（Nové Město na Moravě）的村鎮。村鎮不大，卻很有名。特別是到了冬季，這個小村鎮就會熱鬧非凡。全國各地的人都會到諾夫梅斯托納馬瑞夫來從事越野滑雪運動。這裡有正式的滑雪道可以舉辦競賽，也有山野坡道可以滑雪，還有結凍的湖面可以滑冰。到了夏天，這裡還可以游泳、划船、釣魚和露營。

諾夫梅斯托納馬瑞夫的住戶約有四千人。從前這裡以製作玻璃工藝品著名，但到了一九三〇年代之後，這裡的人多數在森林裡或製作滑雪器具的小作坊裡工作。而在這個小鎮的大街上，有一棟兩層樓高的白色大房子。它有著挑高兩層樓的閣樓，地下室還有一條秘密通道，可以通往位於小鎮主要廣場的教堂。古早以前，每當這個村鎮受到敵人攻擊，這棟房子就作為軍隊存放糧食和物資的地方，好供應給

諾夫梅斯托納馬瑞夫（Nové Město na Moravě）小鎮和周圍的景觀。

諾夫梅斯托納馬瑞夫鎮的居民。

房子的一樓是鎮上的雜貨店。在那裡，你幾乎可以買到任何想要的東西，包括鈕扣、果醬、油燈和釘耙、雪橇用的鈴鐺、磨刀用的石頭、碗盤、紙筆和糖果。二樓則住著布拉迪一家：爸爸卡雷爾、媽媽瑪姬妲、漢娜和哥哥喬治。

漢娜的爸爸每週有六天都在雜貨店裡忙著。他曾經是一位運動員，諾夫梅斯托納馬瑞夫小鎮的人都知道他熱愛踢足球、滑雪和體操。他同時也是一位業餘演員，有著宏亮的大嗓門。當他演出時，聲音可以從廣場的這一頭傳到另一頭。因為這樣，她爸爸被推選為越野滑雪賽的司令官，當他用麥克風宣布口令，賽道上的每個人都可以聽得一清二楚。他也是義務消防員，火災的時候就跟小鎮裡的救火隊員一同開著消防車去救災。

布拉迪家經常招待各類藝術家——音樂家、畫家和詩人、雕刻家和演員。他們只要肚子餓了，隨時都有熱騰騰的食物可以享用，那是管家兼廚娘的柏絲卡為他們準備的。這些藝術家的才華總能博得熱烈的讚賞，當然，其中包括兩位頑皮的小觀眾——漢娜和喬治。有時喬治會被叫上台去表演小提琴。而漢娜總是迫不及待想彈

漢娜穿著戲服在學校裡表演。

鋼琴給願意欣賞的觀眾聽。在他們家的起居室裡，有一台手搖的唱機。漢娜經常播放〈我有九隻金絲雀〉，那是她最喜愛的歌曲，總是一聽再聽。

他們的媽媽是一位溫暖又慷慨的女主人，極富幽默感，笑聲很響亮。她每週也在雜貨店工作六天，只不過，有些鎮民走進雜貨店純粹是為了聽她講笑話、逗樂子。她對諾夫梅斯托納馬瑞夫小鎮的窮人特別照顧，那些人居住在小鎮的郊區。每週她都會準備一大袋食物和衣物，讓漢娜送去給貧困的鄰居。漢娜很喜歡這項任務，經常催問媽媽，可不可以多跑幾趟。

漢娜也是雜貨店的小幫手。在年紀還很小的時候，喬治和漢娜就會幫忙清潔、整理店裡的貨架。他們還學會怎麼切酵母塊、怎麼從錐塔糖上敲下一小塊糖、怎麼秤出香料與調味料的重量，以及怎麼把紙張捲成一個中空圓錐體，並在裡面塞滿糖果，然後拿去賣。有一陣子，他們的媽媽注意到有些做好的錐袋糖果不見了，但是喬治和漢娜從來不會告密，說對方拿走了什麼。

雜貨店的四周不時有貓咪出沒，就像專職的捕鼠大隊。不過有一次，爸媽特別要獎賞喬治和漢娜，而訂購了兩隻白色長毛的安格拉小貓送給他們當寵物。不久郵差就送來一個大盒子，盒子上挖了兩個小洞充當呼吸孔，裡面裝著兩隻毛絨絨的小東西。一開始，席爾瓦（她是一隻體型巨大的灰毛獵狼犬）非常警戒的繞著盒子嗅聞了半天，但很快就接納了兩隻小貓（漢娜幫牠們取名為米琪和莫瑞克）作為家族裡的新成員。

喬治和漢娜在公立學校就讀。他們就像大部分的兒童一樣，常常惡作劇、常常惹麻煩，也常常有好的表現。只有一件事，是他們跟

諾夫梅斯托納馬瑞夫小鎮。
布拉迪家住在左邊數來第四棟建築的二樓，他們的雜貨店座落於一樓。

別人不一樣的。

布拉迪一家是猶太人。他們並非虔誠的猶太教家庭，但爸爸媽媽要求兩個孩子要認識自己的文化傳承。每個星期一次，當他們的玩伴上教堂時，兩個孩子會去跟特別的教師上課，這位老師教導他們認識猶太節日和猶太民族的歷史。

諾夫梅斯托納馬瑞夫小鎮上還有少數幾戶猶太家庭。不過，住在大街上的猶太小孩只有喬治和漢娜。在他們小時候，並沒人特別注意或關心他們和別人有什麼不同。可是不久之後，他們是猶太人的這個事實，就成了他們生命裡最重要的事了。

東京，二〇〇〇年冬天

時間拉到半個世紀之後，在跨越了半個地球遠的地方，石岡史子坐在她位於東京的辦公室，回想著那只旅行箱是怎麼來到她的手上。

一九九八年，她開始從事這份工作，成為一間名叫「東京大屠殺教育資料中心」的小博物館統籌人。這間資料中心是專為教育日本兒童認識大屠殺而設立的。有一次她到以色列參加研討會的時候，認識了幾位大屠殺的倖存者，他們都是從當年集中營恐怖暴行中生還的人。她震驚的發現，那些人竟然可以樂觀的面對生命，享受生活中的歡樂，儘管他們曾經歷過那麼恐怖的事。每當史子對自己的生活感到難過時，她就會想起這些倖存者。他們是多麼堅強又充滿智慧。從他們身上，她學到了很多事。

史子希望生活在日本的年輕人也能從大屠殺裡學到東西。她的工作就是要實踐這個願望。這並不是一件容易的事。她苦思著，究竟要怎麼做，才能幫助日本兒童去理解那些恐怖的事？畢竟那是發生在距離他們半個地球之遙、半世紀之前，而且是發生在一百多萬名猶太兒童身上的故事。

她決定，最好的辦法就是藉助具體的物品，從兒童看得到、觸摸得到的物品開始進行。於是她寫信給全世界各地的猶太人紀念館與大屠殺博物館——包括波蘭、德國、美國和以色列——詢問是否有兒童受難者的遺物可以洽借。她也將這個需求公告在

史子在資料中心裡教導孩子們關於大屠殺的歷史。

網路社群裡。另外，她還寫信給一些人尋求協助。史子正在尋找一雙鞋及一只旅行箱。

每個人都回絕她，說他們擁有的物品都是小心翼翼才保存下來的，對他們來說非常珍貴，實在無法寄到這麼遙遠、而且是這麼小的博物館去。史子不知道接下來該怎麼辦。不過她不是輕言放棄的人。相反的，遭受越多拒絕，她就越堅定要完成任務。

那年秋年，史子到波蘭旅行，那裡遺留下許多納粹的集中營。就在那裡（最著名的集中營地區）她參觀了奧許維茲博物館。史子懇求博物館，希望能跟助理館長面會，短短幾分鐘也好。後來博物館安排了五分鐘時間給她，讓她說明來意。等她離開助理館長辦公室時得到了承諾，博物館說會考慮她的要求。

幾個月後，從奧許維茲博物館寄來了一箱包裹，裡面有：一只兒童鞋、一只襪子、一件兒童的毛衣、一個「齊克隆B」（Zyklon B）的毒氣罐，以及一只旅行箱，漢娜的旅行箱。

位於日本東京的「大屠殺資料教育中心」。

石岡史子和一位兒童參觀者合影。

諾夫梅斯托納馬瑞夫，一九三八年

漢娜有一頭金髮、藍眼睛和十分美麗的圓臉。她是個強壯的小姑娘。有時候，她會挑釁喬治和他打架，只為了展示自己的力氣。即使哥哥比她大了三歲，但漢娜偶爾會打贏喬治。不過大多數時間裡，漢娜和喬治總是玩在一塊兒。

夏天的時候，他們就在家後院的那條小溪玩起了水手遊戲。兩個孩子爬進一個老舊的木製洗衣盆，然後順著溪水漂流，直到有人將洗衣盆中央的塞子拔起來，然後他們就會沉入水中，哈哈大笑，水花四濺。

在她家後院的草坪上有三種不同的鞦韆，一種是給幼童坐的，一種是雙人座鞦韆，還有一種是懸掛在高大的樹枝上，突出在溪流上方。有時候鄰居小孩會聚攏來比賽盪鞦韆。看誰盪得最高？誰可以跳得最遠？通常那個人就是漢娜。

在他們雜貨店上方的住家裡有幾道長廊，漢娜經常踩著她的紅色踏板車在那裡

漢娜年幼時喜歡在戶外玩耍。

滑行，喬治則踩藍色的。到了冬天，漢娜和喬治會玩起堆雪堡和滑雪的遊戲。可是漢娜最喜愛的是滑冰。她下了很大的苦工，在諾夫梅斯托納馬瑞夫的冰凍湖面上反覆練習單腳尖旋轉。有時候她會穿著特別裁製的紅色滑冰服裝——袖口綴著白色皮毛——幻想自己是一個正在跳舞的公主。她的父母、朋友和哥哥，都對她的表演和夢想報以熱烈掌聲。

孩子們正在堆雪堡。

漢娜穿著特別裁製的滑冰服裝。

由於她的父母每週要工作六天，從星期一到星期六，所以每個星期天早晨對於這一家人來說格外特別。漢娜和喬治只要一醒過來，就會跑去依偎在他們父母的床上，身子蜷曲在暖呼呼的羽絨被底下。如果是夏季的星期天下午，全家會開車到離家最近的堡壘或城堡去野餐。有時候，路德維克姑丈和海妲姑姑也會一起去，他們

漢娜和喬治兩人從很小的時候就學會了滑雪。

也住在諾夫梅斯托納馬瑞夫。

冬天的時候，就會安排家族的雪橇之旅，以及長途的越野滑雪活動。他們經常從諾夫梅斯托納馬瑞夫滑到鄰近的村鎮（那裡有一間很棒的小餐館，供應超級好吃的奶油糕點）。每次在這個八公里賽程中，漢娜總是能贏過一大群表哥表姊，儘管她的年紀最小。

但是，到了一九三八年的年底，鎮上開始出現一股威嚇氣氛。大家談論起戰爭。阿道夫．希特勒和他的納粹政黨掌握了德國政局。早在這一年初，希特勒就已經攻下了奧地利，然後繼續揮兵向西，占領了捷克斯洛伐克的部分領土。人們試著逃離納粹的控制，於是難民開始出現在布拉迪家門口，乞討金錢、食物和庇護。爸爸和媽媽總是溫暖的接納這些難民。可是孩子們卻覺得很疑惑。這些人是誰呀？漢娜心裡想著。為什麼他們會來到這裡？為什麼他們不待在自己的家裡？

每天晚上當漢娜和喬治被送上床以後，爸爸媽媽就會坐在收音機旁收聽新聞。朋友們也經常到他們家一起收聽，而且徹夜長談，討論聽到的消息。「我們的音量要放低，」他們總是這麼說，「才不會吵醒了孩子們。」

大人的談話氣氛很緊繃，討論很熱烈，所以根本沒注意到黑暗長廊的地板發出軋吱聲，那是漢娜和喬治正躡手躡腳躲在起居室外面偷聽大人說話。孩子們聽見了大人們討論奧地利境內新頒布的反猶太法令。他們聽見了發生在德國境內的「水晶之夜」*，納粹黨員和暴徒侵擾猶太人社區，打破住家和商店的玻璃窗，焚燒猶太教堂，還在大街上鞭打猶太人。

「這種事不會發生在我們這裡，對吧？」漢娜對哥哥耳語。

「噓……」喬治說。「如果我們現在討論，他們就會聽見了，然後我們就會被趕上床睡覺。」

有一天晚上，他們的鄰居羅特先生提出一個令人震驚的想法。「現在我們所有人都能感覺到戰爭要來了，」他接著說，「猶太人住在這裡太不安全了。我們所有人必須離開諾夫梅斯托納馬瑞夫，離開捷克斯洛伐克，到美國去吧，到巴勒斯坦

*譯註：「水晶之夜」（Kristallnacht）是指一九三八年十一月九日至十日凌晨納粹襲擊德國全境猶太人的事件。一般認為這是對猶太人有組織性屠殺的開始。

去，到加拿大去。任何地方都好。趕快離開，趁現在還來得及。」

其他人都反對。「你是不是瘋啦？羅特先生。」有個人質問他。「這裡是我們的家。我們屬於這裡。」最後大家就這麼下了結論。

儘管時局很差，布拉迪一家仍然決定歡慶一九三九年的到來。除夕夜那晚，在吃完了烤火雞、香腸、義大利臘腸和布丁之後，孩子們開始玩起新年的傳統遊戲：占卜未來。漢娜、喬治和其他來自鄰近鄉鎮的年輕表親們，每個人都拿到了半顆胡桃，他們在胡桃核裡面塞進一小根蠟燭，然後將一大盆水拖到起居室的中央。每個小孩都把自己手上的胡桃核當成小船，放在水面上漂流。十一歲的喬治，他的小船在水面上晃盪，不停打轉，最後小船停下來了，歪向一側。他的蠟燭繼續燃燒。八歲大的漢娜也把胡桃小船放入水中，起先小船漂流得很順，一點也沒有顛簸。然後它突然晃動，翻倒，最後蠟燭撞向水面，沉入水裡。

東京，二〇〇〇年三月

自從旅行箱寄到東京的那一天起，史子和孩子們都迷上它了。十歲的小旭原本很愛嬉鬧和開玩笑，如今他卻若有所思，還會大聲提問：成為一個孤兒是什麼情況？年紀較大的舞子是一個優秀的水上芭蕾運動員，她喜歡和朋友聚會，現在她也總是站在那只旅行箱前面安靜的沉思。這只旅行箱讓她開始思索，如果有一天，她被強迫離開朋友會怎樣？

這只旅行箱是教育資料中心所展示的物品中，唯一有署名的。從旅行箱上的日期看來，史子和孩子們推測，當漢娜被送到奧許維茲的時候，她應該是十三歲大。比我小一歲，一個女孩說。就跟我姊姊一樣大，小旭說。

史子又寫信給奧許維茲博物館，請教他們是否有任何關於旅行箱主人的資訊？沒有，他們回答：他們所知道的就跟史子一樣少。史子只好這麼回報給孩子們。

「那再試試其它地方嘛！」舞子慫恿。「不要放棄！」小旭說。孩子們異口同聲鼓勵她，宛如一列唱詩班：「要繼續尋找哦！」於是史子承諾她會繼續努力。

史子寫信給以色列大屠殺紀念館（Yad Vashem）。沒有，紀念館館長回信說，我們從來沒聽過有個叫漢娜．布拉迪的女孩子。妳要不要試著問問美國華盛頓特區的大屠殺紀念館？史子立刻寫信到華盛頓特區，但得到的答案還是一樣：我們沒有任何關於漢娜．布拉迪的資訊。這一切實在讓人很挫折。

然後，彷彿出現了一線曙光，史子接到了奧許維茲博物館的通知，說他們發現了一些事情。他們在一個名單上找到了漢娜．布拉迪這個名字。資料顯示，漢娜是從一個名叫「特萊辛施塔特」（Theresienstadt）的地方來的。

諾夫梅斯托納馬瑞夫，一九三九年

一九三九年三月十五日，希特勒的納粹軍隊進占了捷克斯洛伐克的其它領土，而布拉迪一家的命運也永遠改變了。納粹宣稱猶太人是惡魔，是危險的族群，會帶來壞的影響。從此以後，布拉迪一家和小鎮裡的其他猶太人都必須遵照不同規則去生活。

白天裡，猶太人只有某些固定時間可以外出。他們只能在固定幾家商店購買物品，而且只能在特定時間裡。猶太人不准出外旅行，因此他們不能再去探視鄰近鄉鎮的親戚、親愛的祖父母或叔叔阿姨。布拉迪一家被迫跟納粹交代自己擁有哪些財物——藝術品、珠寶、餐具、銀行存簿。他們火速的將最珍貴的那些文件藏匿在閣樓的木板底下。爸爸收藏的郵票和媽媽的銀器，則藏到一些非猶太裔的朋友家裡。可是家裡的那台收音機卻被沒收了，送到一個集中管理的辦公室，然後又上繳到一個納粹機關去。

漢娜和喬治兩人依偎在一起，當時納粹的控制已經越來越強了。

有一天，漢娜和喬治正排隊要進電影院看《白雪公主與七矮人》。當他們走到售票處，看見那裡豎立著一個牌子，寫著「猶太人不准進入」。他們的臉脹得通紅，眼眶發燙，然後轉身回家。漢娜走進家門時，覺得非常憤怒和沮喪。「我們到底怎麼啦？為什麼我不能去看電影？為什麼我不能不管那個告示？」爸爸和媽媽迅速對看了一眼。這些問題很難回答。

每個星期好像都會增加一些新的限制。猶太人不准進遊樂場。猶太人不准進運動場。猶太人不准進公園。很快的，漢娜和喬治不能進體育館了。甚至連去結凍的湖面滑冰也不被允許了。她的朋友們——全都是非猶太裔——一開始也跟漢娜一樣，對那些限制困惑不解。

有一天，她們像以往那樣圍坐在一起聊天，那時仍然是美好的時光，還能夠在教室和私人後院裡調皮搗蛋。「不管發生什麼，我們永遠都要在一起。」漢娜最要好的朋友瑪麗亞發誓，「絕不會讓任何人阻攔我們一起玩耍。」

年幼的漢娜和她的爸爸。

可是慢慢的，幾個月過去之後，漢娜所有的玩伴，即使是瑪利亞，也不能像以前那樣，在放學後或假日時到她家來玩了。瑪利亞的爸媽下令她必須遠離漢娜。他們很害怕納粹會因為他們允許瑪麗亞跟一個猶太小女孩做朋友，而責罰他們全家。漢娜變得極度孤獨。

由於失去了所有的朋友，以及不斷增加的新限制，漢娜和喬治感覺到自己的世界變得好小。他們憤怒、悲傷，而且很沮喪。「我們可以做什麼？」他們問爸爸媽媽，「現在我們還有哪裡可以去？」

爸爸媽媽竭盡所能分散孩子們的注意力，努力幫他們找出新的玩樂方式。「我們很幸運哦，」媽媽告訴他們，「因為我們有一個這麼大的花園。你們可以玩捉迷藏。你們可以在大樹下盪鞦韆。你們可以自己發明新遊戲。你們可以扮偵探在儲藏室裡找東西。你們可以玩猜字遊戲。最棒的是，你們擁有彼此！」

漢娜和喬治很高興擁有彼此，於是他們就一起玩耍了。可是，對於那些不再能做的事、不再能去的地方，他們還是覺得難過。在一個晴朗的四月天，陽光閃耀，他們一起坐在草地上，很無聊的撥弄著草葉。突然間漢娜哭了起來。「不公平，」她大叫，「我恨這一切。我希望一切能回到從前那樣。」她從地上拔起一撮草，撒向空中。她看著哥哥。她知道哥哥也跟她一樣茫然。「妳等一下，」喬治說，「我想到一個點子。」幾分鐘後他跑回來，拿著一疊便條紙、一枝筆，一個空瓶子和一把鏟子。

「這些是要做什麼？」漢娜問。「也許我們可以把那些讓我們煩惱的事情寫下來，」喬治說，「這樣會讓我們心裡舒坦一點。」「這很蠢耶，」漢娜回答，「這麼做又不能讓公園或者遊樂場回來。也不能把瑪麗亞帶回來。」

可是喬治很堅持。不管怎樣，他畢竟是哥哥，而且漢娜也想不出更好的點子。於是，在接下來的幾個小時裡，兩個孩子盡情的將所有不開心都傾吐在紙上，大部分是由漢娜說，喬治寫。他們列出所有失去的東西，也列出所有讓他們感到憤怒的事情。然後，他們列出所有他們想做的事情、所有他們想擁有的東西，以及所有他們想要去的地方——等到這個黑暗期結束以後。

等他們寫完以後，喬治把這些便條紙捲成圓條，塞進瓶子裡，接著用軟木塞封住。然後兩個孩子朝屋子走回去，在雙人座鞦韆前停下腳步。漢娜在那裡挖了一個大洞，那是用來掩藏他們的悲傷和挫折的地方。喬治將瓶子放入洞裡，漢娜則用泥土將這個洞填滿。當他們完成這件事後，覺得這個世界好像變得比較光明了一些，至少在這天是如此。

對他們來說，實在很難理解外界究竟發生了什麼事。特別是他們已經沒有了家庭收音機。以前爸爸媽媽每天晚上都要收聽從英國倫敦放送的八點鐘新聞廣播，靠它來了解希特勒最近的邪惡動態。可如今，猶太人被下了禁令，每晚八點以後不准出門，而聽收音機廣播當然更是絕對禁止的，只要違反任何禁令，都會受到嚴厲的刑罰。每個人都非常恐懼被逮捕。

爸爸想出了一個計畫，一個聰明的方法來規避納粹的法令。他請求一位老朋友幫他忙，那是教堂大時鐘的管理員。爸爸問他，是否可以在每天傍晚時，將大時鐘調慢十五分鐘？這樣的話，爸爸就可以衝到鄰居家裡收聽新聞，然後在大時鐘敲響八點的時候安全回家（這時其實已經是八點十五分了），而巡防小鎮的納粹衛兵也不會發現。當這個計畫實現時，爸爸興奮極了。然而，不幸的是，他從收音機上聽到的都是壞消息。非常壞的消息。每一場戰役納粹都戰勝，他們的大軍不斷在戰場上推進。

漢娜和喬治。

東京，二〇〇〇年三月

特萊辛施塔特。現在史子和孩子們知道了，漢娜是從特萊辛施塔特去到奧許維茲的。史子非常興奮，這是她發現的第一個跟漢娜有關的確切資訊。第一個線索。

特萊辛施塔特是納粹為一個捷克小鎮所取的名字，它的原名是特雷津（Terezin）。那是一個相當小的村鎮，包含兩座壯觀的堡壘，最早建立於一八〇〇年代，是為了監禁戰犯和政治犯而蓋的。當納粹占領捷克斯洛伐克以後，他們就把「特雷津」變成了「特萊辛施塔特隔離區」——那是一個設有圍牆，在衛兵看守下擁擠不堪的監獄小鎮，專門設置來監禁那些被迫遷離家園的猶太人。在第二次世界大戰期間，總計有超過十四萬的猶太人被送到那裡——其中大約有一萬五千名是小孩。

史子每天晚上都在教育資料中心待到很晚，黑暗的辦公室裡亮著一盞燈，她閱讀了所有能找到關於特萊辛施塔特的資訊。

她了解到特萊辛施塔特所發生過的恐怖事蹟，以及經過了幾年後，隔離區中幾乎所有的猶太人再度被驅離，他們被送上火車，帶往東邊一個更可怕的集中營，那就是大家所知道的死亡營。

但同時，史子也得知了特萊辛施塔特曾發生過勇敢又激勵人心的事蹟。在特萊辛施塔特隔離區中，有一些很特別的人——偉大的藝術家、著名的音樂家、歷史學家、哲學家、時尚設計師和社會運動者。他們全被送到了特萊辛施塔特，只因為他們是猶太人。那些數量多得嚇人的天才、專家和學者，全被塞進了隔離區的圍牆裡。

後來這些囚犯冒著生命危險，就在納粹的眼皮底下秘密策畫並建立了一套詳盡又系統化的教學，讓被監禁的成人和兒童都能夠學習、創作和演出。他們堅定的提醒學生，儘管戰亂、儘管身處這個擁擠、令人沮喪的環境，儘管生命的遭遇都不圓滿，但是世界仍然處處有美景，而且每個人都能夠為這個世界創造並增添更多美好的事物。

史子也發現了，特萊辛施塔特的孩子們被教導繪畫。而且，這些孩子所創作的四千五百幅畫作奇蹟般的存留下來，沒有被戰火消滅。史子的心臟激烈的跳動。有沒有可能，在那四千五百幅繪畫當中，有一幅、甚至更多幅，是漢娜・布拉迪畫的？

諾夫梅斯托納馬瑞夫，一九四〇年秋天～一九四一年春天

秋天帶來了冷冽的空氣，也帶來了更多的箝制、更艱困的生活。

當納粹宣告猶太小孩不准上學時，漢娜差不多要上小學三年級了。「現在我再也沒辦法看見我的朋友了。」當爸爸媽媽告訴她這個壞消息，漢娜嚎啕大哭：「等我長大以後，再也沒辦法當老師了。」以前她總是夢想著有一天能夠站在教室的講台上，而底下所有學生都很認真聽著她所講的每一句話。

爸爸和媽媽決定，必須讓漢娜和她哥哥繼續受教育。很幸運的，他們有足夠的錢，於是他們從隔壁村鎮聘來一位年輕女子當漢娜的家教，又聘請了一位難民教授來教導喬治。

媽媽試著逗他們開心。「早安！漢娜。」天亮的時候，她大聲說，「現在該吃早餐了。要不然妳『上學』就會遲到嘍！」每天早上，漢娜都會在餐桌上和家教老

師會面。那是一位和善的年輕女子，她努力鼓勵漢娜閱讀、寫作和算數。她還自己準備了小黑板，將它立在一張椅子上。偶爾她會讓漢娜用粉筆在上面畫畫，然後用刷子彈掉粉筆灰。可是，在這個「學校」裡沒有玩伴，沒有惡作劇，沒有下課休息時間。漢娜發現很難專心聽老師講課和作功課。在這個黑暗的冬季裡，隨著白日時間縮短，彷彿整個世界也要終結在布拉迪一家。

事實上，當春天來臨時，厄運緊接著襲擊。一九四一年三月，媽媽被希特勒的秘密警察蓋世太保（Gestapo）逮捕。

家裡收到一封信，命令媽媽在早上九點鐘前往鄰鎮伊格勞（Iglau）的蓋世太保總部報到。為了準時抵達那裡，她必須在半夜出發。她只有一天的時間來整理行李，並且跟家人道別。

她把漢娜和喬治叫到起居室。她坐在沙發上，把兩個小孩拉到身邊。她對他們說，她有事情必須出門一陣子。漢娜緊緊依偎在她身上。「我不在的時候，你們兩個要乖。」她說：「要聽爸爸的話，照他的話去做。我會寫信給你們，」她承諾，然後又說：「你們會回信給我吧？」

喬治把頭轉開了，漢娜啜泣著，兩個孩子嚇到根本無法回答。在這之前，他們的媽媽從來沒有離開過他們。

那個晚上，媽媽把漢娜塞進被子裡，緊緊抱住她。媽媽用溫柔的手指梳著漢娜的頭髮，就如同漢娜小時候那樣。她唱著漢娜最愛的搖籃曲，一遍又一遍。漢娜睡著了，她的手還環抱住媽媽的脖子。隔天早上她醒來時，媽媽已經走了。

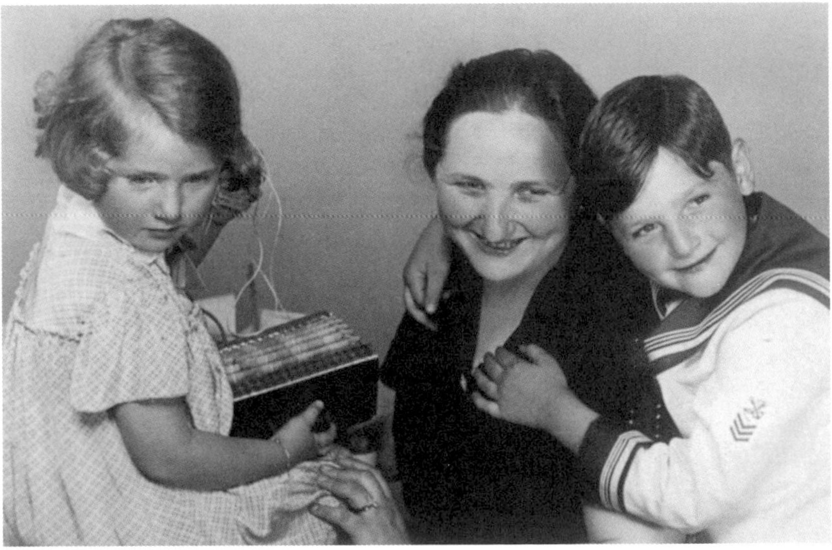

快樂時光裡的漢娜、媽媽和喬治。

東京，二〇〇〇年四月

當一盒包裹寄到東京的辦公室時，史子簡直不敢相信。幾個星期以前，她寫信給特雷津的猶太隔離區博物館，如今那裡已經屬於捷克共和國。史子在信中說明，她和教育資料中心的孩子都很渴望多知道一些漢娜的事，好讓他們能夠更貼近漢娜。那裡的人回信說，他們完全不了解漢娜的生平，不過他們確實知道，在隔離區裡曾經藏有大量的兒童繪畫，其中有一大部分的畫作，現在布拉格的猶太博物館裡展出。

史子拆開包裹，因為太激動了，她的手忍不住顫抖。包裹裡是五張繪畫的照片。有兩張彩色圖，一張畫著庭園和一張公園座椅，另一張畫了一群人在河邊野餐。其他三張則是鉛筆和炭筆畫，一張畫著一棵樹、一張是農夫在田野上曬乾草堆、還有一張畫著火柴人帶著旅行箱正要搭火車。每一幅圖畫的右上角都有一個手寫的名字「漢娜．布拉迪」。

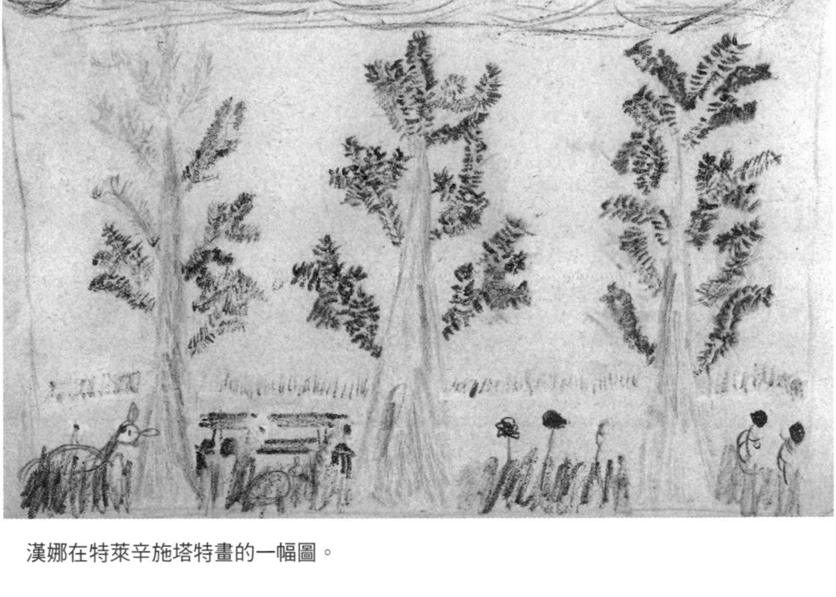

漢娜在特萊辛施塔特畫的一幅圖。

諾夫梅斯托納馬瑞夫，一九四一年春天～秋天

因為已經答應了媽媽，所以漢娜很努力的當個乖孩子。她盡可能去幫爸爸做事，也努力做功課。柏絲卡（深受她們家人喜愛的管家）總是盡力準備漢娜喜歡的菜餚，還特別幫她做了點心。可是漢娜好想念媽媽，特別是到了晚上。不再有人用手輕輕的幫她梳頭髮了。沒有人唱搖籃曲給她聽。還有她媽媽的招牌爆笑聲——所有人都很想念。

孩子們現在知道，他們的媽媽待在一個叫做「拉文斯布呂克」（Ravensbrück）的地方，那是德國境內的女子集中營。「那裡很遠嗎？」漢娜問爸爸。

「她什麼時候會回家？」喬治想知道。爸爸向他們保證，他正在嘗試各種方法把她救出來。

有一天，漢娜正在房裡讀書，忽然聽見柏絲卡叫喚她。她不想理會。今天她沒

有心情幫忙打雜。而且，她也不覺得會是什麼值得期待的事。可是柏絲卡一直喊她：「漢娜，漢娜？妳在哪裡？快點下來。郵局送來了非常重要的東西要給妳。」

一聽見柏絲卡這麼說，漢娜立刻拋下手上的書。難道是她最期盼的事嗎？她立刻衝出家門，飛奔到街上的郵局。漢娜跑向郵局的窗口，「是不是有東西要給我？」她問。坐在櫃檯後面的女人從窗洞裡拋出一個棕色小包裹給她。漢娜認出那是她媽媽的筆跡，馬上心跳加速。她拆開包裹，雙手都在顫抖。裡面是一個棕色的心形小物，用麵包做成的，上面還刻了漢娜的名字縮寫：H. B.。包裹裡面附了一封信。

我最親愛的，祝妳生日快樂！希望妳一切安好。我很抱歉，今年沒辦法幫妳吹蠟燭了。不過這顆心，是我為妳做的項鍊墜子。現在妳的衣服是不是都太小穿不下了？請爹地和喬治去跟妳的姑姑阿姨們說，讓她們幫我的大女孩做幾件新衣服。我一直很想念妳和喬治。我很好。妳呢，是不是很乖？妳可不可以寫信給我呢？我希望妳和喬治可以繼續用功讀書。我一切都好。我好想念妳，親愛的哈妮卡*。親親妳哦。

愛妳的媽媽。一九四一年四月，於拉文斯布呂克。

漢娜閉上眼睛，雙手緊握住那顆小小的、用麵包做成的心。她試著幻想，媽媽現在就在她身邊。

那年秋天帶來了另一顆震撼彈。有一天爸爸回到家時，拿了三塊方形的布。每塊布上面都有一顆黃色的大衛之星，星星的中央有一個字：「Jude」，那是猶太人的意思。

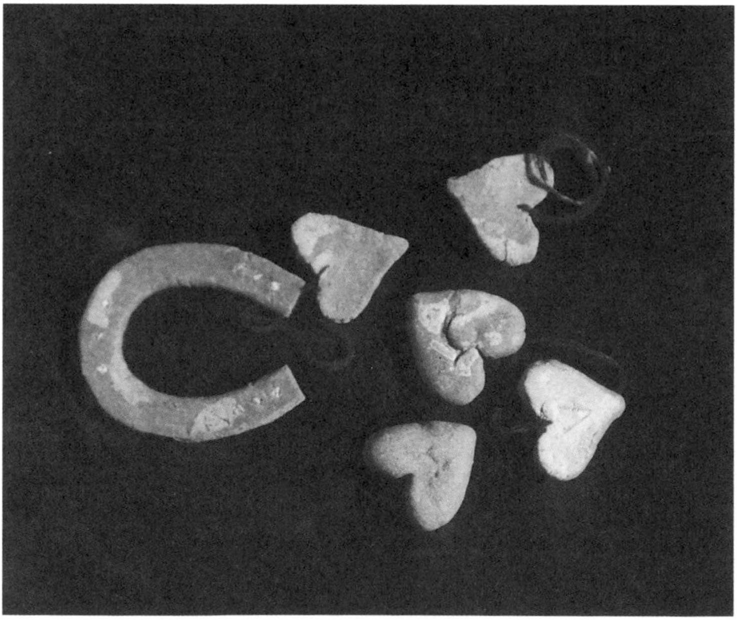

漢娜的母親在被帶走之後，用麵包做成許多禮物，寄給她的家人。

猶太人被下令，只要一出現在公眾場合，就必須配戴有黃色大衛之星的標誌。

「過來，孩子們，」爸爸說。他從廚房的抽屜裡拿出一把剪刀。「我們必須把這些星星剪下來，別在我們的外套上。不管什麼時候，只要我們出門，就必須佩戴它。」

「為什麼？」漢娜問。「大家早就知道我們是猶太人了。」

「我們必須這麼做。」爸爸回答。他看起來非常沮喪、悲傷，而且疲倦。於是漢娜和喬治也就不爭辯了。

從那天起，漢娜更少出門了。她盡可能避免配戴那個黃色掛牌到公眾場合去。她痛恨那顆星。那是個羞辱。實在是太難為情了。難道這一切還不夠嗎？孩子們很

＊譯註：哈妮卡是漢娜的中間名，她原本的捷克姓名是漢娜．哈妮卡．布拉迪奧瓦（Hana Hanička Bradyová）。

困惑，他們已經失去了公園，失去了湖，失去了他們的學校和他們的朋友。結果現在，只要一走出家門，還得配戴這顆星在他們的衣服上！

小鎮裡有一個猶太人不肯遵從這項命令。他已經受夠了所有的規則和禁令。所以有一天，就在一九四一年九月底某一天，他肆無忌憚的走出家門，沒有在外套上配戴剪下來的大衛之星。這個小小的反抗行動，立刻被駐紮在諾夫梅斯托納馬瑞夫鎮上的納粹軍官發現。那位納粹軍官火大了，宣稱諾夫梅斯托納馬瑞夫鎮必須進行「猶太人解放」（Judenfrei），也就是清除猶太人，而且必須馬上就進行。

隔天早上，一輛由納粹軍官駕駛的黑色大車停在布拉迪家門口。車裡已經有四個被嚇壞的猶太人縮擠在裡面。納粹軍官敲了敲布拉迪家的門。爸爸去應門，漢娜和喬治躲在他身後。那個蓋世太保軍官對爸爸大吼，叫他立刻出來。漢娜和喬治簡直不敢相信他們所聽到的，他們沉默的站在那裡，完全嚇呆了，心裡充滿了恐懼。爸爸擁抱了一下孩子們，要求他們要勇敢。然後，他也離開了。

東京，二〇〇〇年春天

史子被漢娜的畫迷住了。她明白，這些繪畫一定可以幫助孩子們，更加了解漢娜是個什麼樣的人。比較簡單的方法，是讓他們也來體驗漢娜所做過的事。結果證明史子是對的。

那些志願來教育資料中心幫忙的孩子們，比以前更加關注漢娜。有幾個孩子組成了一個叫作「小翅膀」的團體，由舞子帶領。這個團體的使命，是幫助其他小朋友也能理解他們在這裡學到的事。

他們每個月聚會一次，編寫新聞通訊。每個小朋友各自擔任不同的任務。年紀較大的孩子負責寫文章，最年幼的孩子負責繪畫，而其他的孩子寫詩。在史子的協助之下，他們將編印出來的通訊寄給各地的學校，如此一來，各地的孩子就能夠理解納粹大屠殺的歷史，以及他們所追尋的漢娜的故事。

另一幅來自特萊辛施塔特集中營的漢娜畫作。

他們最想要知道的是，漢娜究竟長什麼樣子。他們想要看看這個小女孩的臉，就如同他們渴望了解她全部的故事。

史子明白，如果她能找到一張漢娜的照片，那麼對於孩子們來說，漢娜就更加活靈活現，更像一個真實的人。史子下定決心，要繼續尋找。

如今資料館已經有了幾幅畫、一只襪子、鞋子和毛衣，當然了，還有漢娜的旅行箱。史子覺得是時候來舉辦一場展覽，展示她一直努力的目標：「透過孩童的眼睛，看見納粹大屠殺」。

東京大屠殺教育資料中心的志工孩童「小翅膀」們。

諾夫梅斯托納馬瑞夫，一九四一年冬天～一九四二年

如今家裡只剩下兩個小孩。沒有父母親。喬治用手摟著十歲的妹妹，發誓一定會照顧她。管家柏絲卡試著用特製點心和窩心的談話來安慰他們，但沒有什麼用。孩子們很悲傷，而且很恐懼。

在他們爸爸被逮捕的幾個小時後，又有人來敲門。漢娜的心跳得好快。喬治用力嚥了嚥口水。現在又是誰來找他們？等孩子打開門之後，看見門外是路德維克姑丈，是他們親愛的路德維克姑丈。「我聽到了壞消息，」他說，一隻手抱著漢娜，另一手摟著喬治。「你們兩個都跟我來。你們有家，有家人愛你們。」

路德維克姑丈是一位基督徒，他娶了爸爸的妹妹。他不是猶太人，所以他不是納粹的主要目標。但是，他也是個勇敢的人，才敢來帶漢娜和喬治。蓋世太保已經警告過所有人，凡是幫助猶太人者，都會受到恐怖的懲罰。

年幼的漢娜和喬治，以及娜娜。娜娜是一個身高幾乎跟漢娜差不多的娃娃。

路德維克姑丈叫兩個孩子收拾好貴重的衣物。漢娜帶了娜娜，這是一個真人大小的娃娃，是她五歲時收到的禮物。喬治收集了家裡所有的照片。他們兩人各自帶了一個旅行箱，裡面裝滿了衣服。漢娜選了一個棕色的大旅行箱，以前跟家人去旅行的時候，她都會帶上這個旅行箱。她喜歡旅行箱裡有著點點圖案的內裡。所有的東西都打點好了，他們關掉燈，關上身後的家門。

當天晚上，姑丈和姑姑讓漢娜睡在一張大床上，用羽絨被裹著她。「漢娜，我們會照顧妳，直到妳的爸爸媽媽回家。」他們保證。「如果妳半夜醒來，我們就在樓下。」

可是，當燈熄滅了很久以後，漢娜仍然清醒著。她不時眨著眼睛，望著陌生的黑暗房間。這是一張陌生的床。還有，這個世界——如今充滿危險——看起來好像是顛倒的。接下來還會發生什麼事？漢娜心懷恐懼的想著。最後，她終於閉上眼睛睡著了。

隔天早上，漢娜被窗外一陣急切的吠叫聲吵醒。她的心臟立刻狂跳起來。又有什麼大事不妙了？然後她認出了那個聲音。那是席爾瓦，她們家族的忠實獵狼犬。以前席爾瓦常常越過整個小鎮，跑來找漢娜和喬治玩。至少這裡還有一些友誼依然存在，漢娜心想，這是一個小小的安慰。

海妲姑姑和路德維克姑丈的家小小的，但是很舒適，後院還有一個相當小的花

漢娜、喬治，以及他們的獵狼犬席爾瓦。

漢娜和她親愛又勇敢的路德維克姑丈。

漢娜和喬治在田野裡幫忙。

後來，待在特萊辛施塔特隔離區時，漢娜畫了一幅圖，畫裡是在田野裡工作的人們。

園。他們的家很靠近社區小學，所以漢娜和喬治每天都可以看見其他孩子們背著書包上學，他們一邊笑著，一邊嬉鬧著走向教室。「我也要去上學！」漢娜跺著腳，她好傷心又好挫折。可是，沒有人能夠幫她什麼。

接下來的幾個月，路德維克姑丈和海妲姑姑挖空心思讓兩個孩子忙碌起來。他們讓喬治幫忙劈木材，連續劈上好幾個小時。讓漢娜讀書、玩遊戲。表姊薇拉和表哥易睿都很喜歡漢娜。有時候，漢娜還會跟著他們一起上教堂。

每天到了午餐時刻，漢娜和喬治就會回到他們原本的家，和管家柏絲卡一起吃著熟悉的食物。柏絲卡總會拍拍他們、擁抱和親吻他們，並且對他們說，她已經承諾他們的爸媽會好好的照顧他們，餵他們吃飽，維持健康的身體。

每隔幾個星期，爸爸都會寄信過來，現在他被關在伊格勞的蓋世太保監獄。喬治只朗讀信裡讓人開心的部分給妹妹聽。他心想，妹妹年紀還太小，不能讓她知道真實的情況，監獄生活很殘酷，而爸爸被釋放出來的機會很渺茫。但事實上，漢娜並沒有小到能夠逃過納粹的驅逐令。

諾夫梅斯托納馬瑞夫，一九四二年五月

有一天，一封通知書寄到了路德維克姑丈和海妲姑姑的家。漢娜和喬治被勒令在一九四二年五月十四日，前往特熱比奇（Třebič）的驅逐中心報到，那裡距離諾夫梅斯托納馬瑞夫小鎮有五萬公里之遠。

這就是路德維克姑丈一直在擔心的事。他把喬治和漢娜叫到他的書房，將通知單的內容讀給他們聽。然後，他試著讓這個壞消息聽起來比較樂觀一點。「你們就要去旅行了，」他對他們說：「一起去哦！你們要去一個有很多猶太人的地方！你們會有很多兒童的玩伴。說不定到了那裡，你們就不需要配戴那個星星了！」

喬治和漢娜都沒說什麼。兩個人一想到又要被迫離開熟悉的地方，就像一棵小草被拔出了生長的土壤。而且，他們也難過必須離開姑姑和姑丈。

漢娜很驚恐。當柏絲卡來幫他們整理這趟陌生旅程的行李時，漢娜連珠炮似的

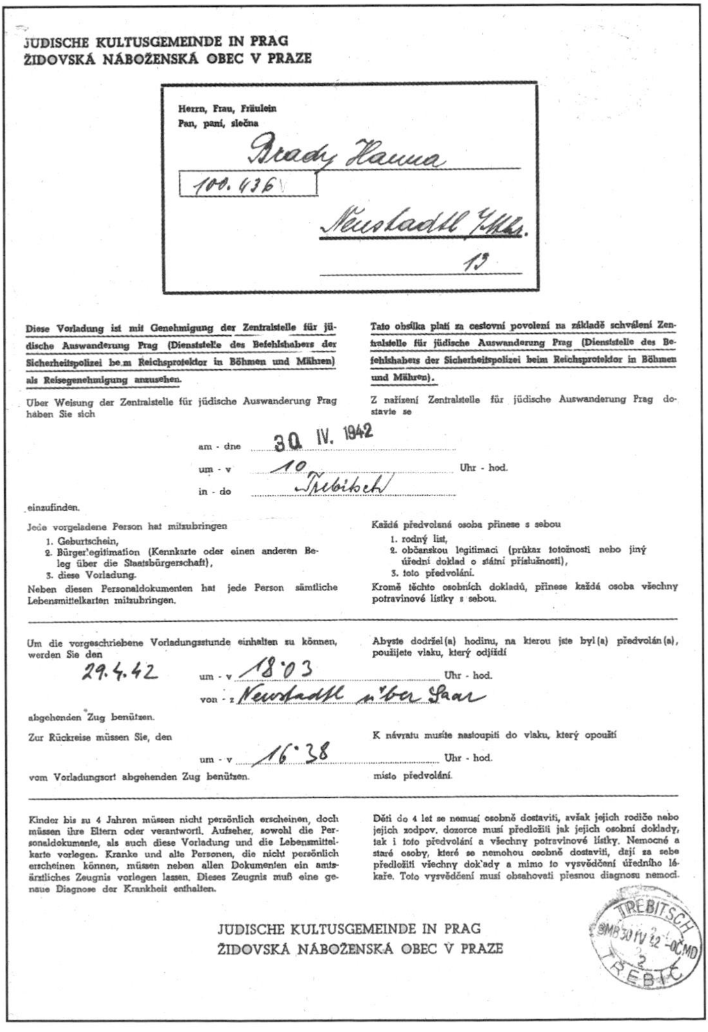

JUDISCHE KULTUSGEMEINDE IN PRAG
ŽIDOVSKÁ NÁBOŽENSKÁ OBEC V PRAZE

Herrn, Frau, Fräulein
Pan, paní, slečna

Brady Hanna
100.436
Neustadtl i/Mähr.
13

Diese Vorladung ist mit Genehmigung der Zentralstelle für jüdische Auswanderung Prag (Dienststelle des Befehlshabers der Sicherheitspolizei beim Reichsprotektor in Böhmen und Mähren) als Reisegenehmigung anzusehen.

Tato obsílka platí za cestovní povolení na základě schválení Zentralstelle für jüdische Auswanderung Prag (Dienststelle des Befehlshabers der Sicherheitspolizei beim Reichsprotektor in Böhmen und Mähren).

Uber Weisung der Zentralstelle für jüdische Auswanderung Prag haben Sie sich

Z nařízení Zentralstelle für jüdische Auswanderung Prag dostavte se

am - dne 30 IV. 1942
um - v 10 Uhr - hod.
in - do Trebitsch

einzufinden.

Jede vorgeladene Person hat mitzubringen

1. Geburtschein,
2. Bürgerlegitimation (Kennkarte oder einen anderen Beleg über die Staatsbürgerschaft),
3. diese Vorladung.

Neben diesen Personaldokumenten hat jede Person sämtliche Lebensmittelkarten mitzubringen.

Každá předvolaná osoba přinese s sebou

1. rodný list,
2. občanskou legitimaci (průkaz totožnosti nebo jiný úřední doklad o státní příslušnosti),
3. toto předvolání.

Kromě těchto osobních dokladů, přinese každá osoba všechny potravinové lístky s sebou.

Um die vorgeschriebene Vorladungsstunde einhalten zu können, werden Sie den

Abyste dodržel(a) hodinu, na kterou jste byl(a) předvolán(a), použijete vlaku, který odjíždí

29.4.42 um - v 18⁰³ Uhr - hod.
von - z Neustadtl über Saar

abgehenden Zug benützen.

Zur Rückreise müssen Sie, den

K návratu musíte nastoupiti do vlaku, který opouští

um - v 16³⁸ Uhr - hod.

vom Vorladungsort abgehenden Zug benützen.

místo předvolání.

Kinder bis zu 4 Jahren müssen nicht persönlich erscheinen, doch müssen ihre Eltern oder verantwortl. Aufseher, sowohl die Personaldokumente, als auch diese Vorladung und die Lebensmittelkarte vorlegen. Kranke und alte Personen, die nicht persönlich erscheinen können, müssen neben allen Dokumenten ein amtsärztliches Zeugnis vorlegen lassen. Dieses Zeugnis muß eine genaue Diagnose der Krankheit enthalten.

Děti do 4 let se nemusí osobně dostaviti, avšak jejich rodiče nebo jejich zodpov. dozorce musí předložiti jak jejich osobní doklady, tak i toto předvolání a všechny potravinové lístky. Nemocné a staré osoby, které se nemohou osobně dostaviti, dají za sebe předložiti všechny doklady a mimo to vysvědčení úředního lékaře. Toto vysvědčení musí obsahovati přesnou diagnosu nemoci.

JUDISCHE KULTUSGEMEINDE IN PRAG
ŽIDOVSKÁ NÁBOŽENSKÁ OBEC V PRAZE

這份通知單命令漢娜必須在一九四二年的四月三十日離開她姑丈的家。
但事實上，她是在五月十四日時被驅離的。

問了一堆問題：「我們的爸爸媽媽在哪裡？我們什麼時候可以見到他們？我們最後會去哪裡？我們可以帶什麼東西去？」柏絲卡答不出來。他們親愛的管家告訴漢娜說，她也要離開諾夫梅斯托納馬瑞夫了，去跟住在農場裡的哥哥一起生活。

漢娜從床底下拿出那個棕色、內裡有點點圖案的大旅行箱。她放進了一個睡袋，不管以後他們會被送去多遠的地方，她都希望這個睡袋能夠帶給她家裡的氣味。喬治也是。他們還在層層堆疊的衣服裡，塞進了義大利臘腸和糖，以及幾樣紀念品。

路德維克姑丈心碎的送走年幼的外甥和外甥女。他拜託車伕將兩個小孩送到驅逐中心，因為他無法忍受親眼目睹那一切。他和妻子努力忍住眼淚，跟漢娜與喬治告別。他們承諾，等戰爭結束後，一定會在諾夫梅斯托納馬瑞夫小鎮等漢娜他們回來。車伕搖了鈴，馬兒邁開步伐，車子離開，沒人說話。

＊　＊　＊

幾個小時之後，車伕讓漢娜與喬治在一棟大倉庫的門口下車。兩個小孩加入門口排隊的人龍。當他們前進到報到櫃台以後，就向一位皺著眉頭的士兵報上自己的名字。他揮手叫他們進去一棟黑暗、密不通風的建築物。

那棟建築物裡的地板上鋪著墊子。漢娜與喬治發現角落有兩個並排的墊子，於是就在那兒坐下。他們四面張望，發現周遭根本沒有幾個小孩。這裡只有數百個猶太婦女和男人，都是等著要被送往一個叫作「特萊辛施塔特」的地方。他們都是被驅逐的。

漢娜和喬治就在那棟倉庫裡度過了整整四天四夜，吃著存放在旅行箱裡的食物，睡在墊子上。雖然有些大人對他們示好，可是漢娜和喬治實在沒心情交朋友。他們擁有彼此，所以他們用閱讀、交談、打瞌睡、想家，來度過這四天。就在這棟倉庫裡，一九四二年五月十六日的那天，靠著幾顆糖果和一根蠟燭，漢娜度過了她十一歲生日。

東京，二〇〇〇年六月

「透過孩童的眼睛，看見納粹大屠殺」這個展覽吸引了很多參觀者，大人小孩都有，來的人比史子期待的還多。對這些來到教育資料中心參觀的人來說，他們以前從未接觸過「大屠殺」這個主題。正如史子所希望的，藉由她收集來的實體物件，以及他們所講述的故事，讓「大屠殺」這個歷史悲劇更加有真實感。

儘管參觀者對於那只鞋、那個「齊克隆B」毒氣罐，以及那件小毛衣很感興趣，但那只旅行箱更像磁鐵一樣吸引了全部的目光。兒童和他們的父母一而再的聚攏到它旁邊，仔細研讀旅行箱上的文字：「漢娜·布拉迪，一九三一年五月十六日，孤兒」。他們也閱讀了小翅膀成員們所寫的詩句。而且，他們對於漢娜在特萊辛施塔特畫的圖也讚賞有加。

「你們還知道她其他事情嗎？」他們詢問。「她後來怎麼樣了？她長得什麼樣子？」這讓史子決心加倍努力去找出漢娜的照片。在某個地方，一定有某個人，可以幫助他們。史子再度寫信給特雷津隔離區博物館。沒有，回信說，我們已經告訴妳了。我們完全不知道這個叫漢娜．布拉迪的小女孩。

史子拒絕接受這個答案，她決定自己跑一趟特雷津。

驅逐中心，一九四二年五月

第四天早晨，一陣宏亮的哨子聲響起。緊接著，一位納粹士兵走進倉庫裡。漢娜和喬治瑟縮在角落，聽他吼叫著發出命令。

「一個小時之內，所有的人全給我搭上火車。每個人限帶一個行李箱。限重二十五公斤。多一公克都不行。現在給我排成一列。禁止交談。快！照我的話做。」

他的聲音又刺耳又嚇人。漢娜和喬治迅速收拾好行李。有些大人試著幫助他們，想確定這兩個小孩準備好了。可憐的小傢伙，他們想著，沒有父母陪伴，必須獨自完成這麼艱辛的旅程。

在那些士兵的恫嚇目光下，所有人離開倉庫，排好一列縱隊，依次走在鐵道上。然後漢娜和喬治在清晨明亮的陽光下，搬著行李爬上陰暗的火車。接著，他們身後又擠上來更多的人，直到車廂塞爆。最後，車門碰的一聲關上，火車啟動了。

特雷津，二〇〇〇年七月

特萊辛施塔特。這是納粹為那個捷克小鎮所取的德文名字，它原本名叫特雷津，現今也是。史子明白，如果要解開漢娜旅行箱的謎團，她必須去一趟特雷津。可是要怎麼去呢？從日本到捷克距離數千公里遠，而且搭一趟飛機要花很多錢，她沒有這筆預算。

不過，這一次幸運之神站在她身邊。史子受邀去英國參加一個大屠殺的研討會。如果從英國轉去捷克共和國的首都布拉格，就只需要短短的旅程。而從布拉格再搭車去特雷津，也只需要兩個小時。史子等不及要出發了。

二〇〇〇年七月十一日的早晨，史子抵達特雷津的主廣場。當她走下巴士，第一眼印象，這裡像一個普通的美麗小鎮。鎮上有寬闊的街道，兩側是排列整齊的路樹，以及屋況維持良好的三層樓房屋，有些窗台上甚至還種植著美麗的花卉。可是，史子無心留意這些景物，她只有一天的時間可以完成任務。當天晚上她就必須回到布拉格，然後趕上隔天早上返回日本的飛機。

史子並沒有事先打電話聯絡，也沒有跟博物館的人約好會面，而是直接穿越主廣場。就在廣場對面，她看見了一棟長條型的淺黃色兩層樓建築。那就是特雷津猶太隔離區博物館。

史子打開厚重的大門，進入冰冷的前廳。這裡有一種詭異的安靜。所有的人都到哪兒去了？她探頭查看從大門進來的幾間辦公室。每一間都沒有人。整棟建築物靜悄悄的，感覺根本沒有半個人。

到底發生了什麼事？史子很疑惑。難道所有人都外出吃午餐了？不可能，現在才早上十點而已。史子只好離開。她走回主廣場，看見公園椅子上坐著一個人，看起來還滿和善的，於是史子拍拍他的肩膀。「你可以幫我一個忙嗎？」她問道，「我想找博物館的人，有事情想請他們幫忙。」

「噢，這位年輕女士，妳今天在那裡是找不到人的。今天是假日，博物館的所有員工都休假回家慶祝了。」那男人回答：「恐怕妳的運氣不太好。」

史子來到現今位於捷克的特雷津隔離區博物館。

特萊辛施塔特，一九四二年五月

整趟火車之旅非常安靜，沒發生什麼意外。所有人都沉默不語，看起來各自沉浸在自己的思緒和對未來的恐懼中。就這麼過了幾個小時，火車突然停了下來。車門猛的打開，站在車門邊的那些受驚嚇乘客可以看見外面立著一個站牌，上面寫著「博許維采（Bohušovice nad Ohří）車站」。刺眼的陽光讓漢娜忍不住瞇起眼睛，她和喬治拖著旅行箱爬下火車。然後，所有人被喝令從博許維采火車站走到特萊辛施塔特的堡壘。

那段路只有幾公里，可是他們的旅行箱塞滿了物品，而且很笨重。我們可以丟掉一些東西嗎？減輕重量。漢娜和喬治考慮著。不行，他們旅行箱裡的每樣東西都很珍貴，都是過去生活僅剩的紀念品。喬治抬著一個旅行箱，另一個旅行箱則放在一輛輪車上，由幾個囚犯一起推著。

漢娜和喬治終於走到一座豎立著高牆的堡壘入口，然後加入排隊的人群。那些人的身上都配戴了一顆黃色的星星，就像他們一樣。

在隊伍最前方，有個士兵詢問每個人的姓名、年齡和出生地。男孩和男人被送往一個方向，而女孩和婦女則要前往另一個方向。「他們要去哪裡？」漢娜問喬治。現在她最害怕的事，莫過於跟哥哥分開。「我可以跟你在一起嗎？」她懇求著。

「安靜，漢娜！」喬治對妹妹說：「別發出聲音。」

等他們終於排到了隊伍前頭，那個士兵瞪著他們。「你們的父母呢？」他質問。

「他們，呃，在另一個，呃，營區。」喬治結結巴巴的說。「我們希望，或許，我們能在這裡重聚。」

那位士兵沒興趣跟他多說什麼。他把兩人的姓名寫在卡片上，然後搜查他們旅行箱，看看裡面是否有錢財或珠寶。最後他「啪」的蓋上旅行箱。「去左邊！」他命令喬治。「去右邊！」他命令漢娜。

「拜託，我可以跟我哥哥在一起嗎？」漢娜哀求。

「走！馬上！」那位士兵下令。漢娜最害怕的事情終於發生了。

喬治迅速給她一個擁抱。「不要擔心，」他說，「一有機會，我就會來找妳。」漢娜噙住眼淚，提起了她的旅行箱，然後跟隨其他女孩子前往「兒童之家」L四一〇號。那是一棟給女孩們住的大營房。接下來的兩年，那裡成為漢娜的家。

這也是漢娜待在特萊辛施塔特時畫的圖，圖中有許多人從一列火車上下來。

特雷津，二〇〇〇年七月

史子不願相信這是真的。她非常沮喪——不管是對她自己，還是她的壞運氣。我千里迢迢來到這裡，結果沒有人能夠幫我，因為大家都去過節了。我怎麼會挑這個時間點來特雷津博物館？我怎麼這麼笨？她想著。那麼我現在該做什麼？

炎熱的陽光鞭笞在史子的身上，一滴挫敗的淚水滑落她的臉頰。她決定回到特雷津博物館，試著整理一下思緒。也許可以想到其他的計畫。

當她坐在博物館前廳的一張凳子上時，突然聽見一陣窸窣聲。聽起來像是從走廊尾端的一間辦公室傳來的。史子放輕腳步，朝聲音的方向走去。就在走廊右側的最後一間辦公室裡，她發現有個女人正在翻閱著一大疊資料，那女人低著頭，眼鏡滑到了鼻尖。

當那女人抬頭看見史子，幾乎嚇得從椅子上彈起來。「妳是誰？」她問：「妳在這裡做什麼？博物館現在休館。」

「我叫石岡史子，」史子回答：「我來自日本，是飛了很長旅程來的。我想找一個小女孩的相關資料，她曾待在特萊辛施塔特這裡。我們教育資料中心裡，有一只她的旅行箱。」

「請妳改天再來，」那個女人禮貌的回應：「我們會有人設法幫妳。」

「可是我沒辦法等改天了，」史子說：「明早我就要搭飛機回日本了。拜託妳，」史子懇求：「請幫我尋找漢娜．布拉迪。」

那個女人拿下眼鏡。她看著眼前這位年輕的日本女人，發現她非常急切，也非常堅決。捷克女人嘆了一口氣。「好吧，」她說：「我不能保證什麼，但我可以試試看能否幫上妳的忙。我的名字叫做露德米拉。」

特萊辛施塔特，一九四二年～一九四三年

「兒童之家」L四一〇號是一棟單調的大建築，裡面大約有十間宿舍房間，每間房住二十個女孩。她們睡在上下三層的舖位，床墊是用粗麻布做成的，裡面填裝乾草。戰爭發生之前，這個小鎮有五千居民，現在納粹在同樣的空間裡塞了十倍數量的犯人。

這裡的空間永遠不夠，食物永遠不夠，而且永遠沒有絲毫的個人隱私。這裡總是有太多的人，太多的床虱和老鼠，以及太多的納粹，他們用嚴刑峻罰控制整個營區。

一開始，漢娜因為年紀還小，只能待在兒童之家L四一〇號。這表示她沒辦法見到喬治。喬治住在兒童之家L四一七號，那裡只住著男孩子，距離漢娜住的L四一〇號有幾條街道的距離。漢娜非常想念喬治，她經常拜託其他年長可以外出的女

孩，幫她帶消息給喬治。這些年長的女孩很呵護漢娜。她們覺得她很可憐，孤零零的活著這世上，沒有了爸爸和媽媽，還被迫離開她的哥哥。

漢娜跟隔壁鋪位一個年紀較大的女孩交上了朋友。她叫艾拉，個子矮矮的，皮膚黝黑，充滿活力。她很愛笑，而且樂意花時間跟一個小女孩相處，當這個依賴她的小女孩難過時，還想辦法用各種方式安慰她。

有個發放飯票的男人喜歡漢娜，而且很擔心漢娜的健康狀況。他知道漢娜一直沒吃飽，便和善的表示，他可以偷塞給漢娜一些飯票，讓她可以多喝一勺稀湯，多吃一片黑麵包。漢娜聽到可以多吃一些食物，忍不住口水直流、肚子咕嚕叫。可是每一次那個人這麼說時，她總是很有禮貌的拒絕了。之前艾拉和其他年長的女孩警告過她了，如果被逮到破壞規矩，可是會惹來大麻煩的。

這些女孩被迫與家人分離，擠在狹小的空間裡，而且根本吃不飽。但是儘管處在這樣惡劣的環境，她們還是盡力把自己照顧好。超過十五歲的少女必須到菜園工作，種植水果、蔬菜給納粹士兵吃。有一陣子，管理菜園的施瓦茨巴特先生同意放漢娜出來去菜園工作，趁機享受新鮮空氣和陽光。漢娜很高興有機會跟那些大女孩們一起去菜園。這件事還有一個額外的福利，那就是這邊掐一些四季豆，那邊摘幾顆草莓，總是能填飽這個飢餓女孩的胃。

但是絕大多數時間裡，她都必須跟同年齡甚至年紀更小的女孩們一起待在囚室裡，遵從這間囚室管理員的命令。每一天，她們都得打掃環境，將鋪位底下的灰塵撢掉、掃地、抹地。洗盤子和洗臉都用同一個抽水幫浦打水。然後，在兒童之家L四一〇號的閣樓裡，每天都有秘密課程。

在音樂課上，女孩們學到了新的歌曲。她們聲音輕柔的唱著，免得被那些警衛聽到。當每一堂課要結束前，都會請一個孩子出來唱一首她以前在家鄉時最喜愛的歌。每次輪到漢娜時，她總是唱一首叫作〈蜈蚣〉的歌。

她的日子過得真不輕鬆，
想想她的遭遇，
一路走來腳丫多麼痛。
她才應該抱怨。
每當我難過想要大哭，

就會想想蜈蚣。
想像用那麼多腳走路，
比起她我過得不算差。

還有縫紉課。漢娜以前從來沒縫補過任何東西，所以針線老是不聽她的使喚。每次她縫得亂七八糟還忍不住咯咯傻笑時，縫紉老師就會叫她閉嘴。雖然如此，她最後還是努力縫製出一件藍色洋裝，這讓她非常得意。

不過，在所有課程中，漢娜最愛上藝術課。畫筆和顏料都是好不容易拿到的。有些人會在旅行箱裡偷藏繪畫材料，夾帶進隔離區。用來繪畫的紙，則是從納粹的儲藏室裡偷拿的，有時候得冒著很大的危險。如果什麼紙張都找不到，就會用一般的包裝紙。不管怎樣，早期總是用蠟筆或色鉛筆來繪畫。

教繪畫的老師是弗莉德．迪克－布蘭戴斯（Friedl Dicker-Brandeis），她曾經是一位著名的畫家，如今也成為特萊辛施塔特的囚犯。弗莉德會教她的學生一些繪畫原理，例如透視和肌理。有時候，女孩子們也會畫一些嚴肅主題的圖，例如隔離區的圍牆、人們排隊領食物、囚犯被納粹士兵鞭打。

可是，最重要的是，弗莉德希望她的繪畫課，能夠幫助孩子們忘記他們身處的殘酷世界，即便只是暫時忘記一會兒。「想想廣大的空間，」她告訴漢娜和其他女孩。「想想自由的感覺。讓妳的想像力狂野奔放。告訴我，妳心裡有什麼，然後把它畫在紙上。」

她帶著學生們爬上宿舍的屋頂作為獎賞，在那裡，他們可以更接近天空。從那裡，她們的視線可以越過隔離區的圍牆，看見遠處環繞的群山。女孩們會幻想自己是鳥兒和蝴蝶，幻想湖泊和鞦韆。然後，透過蠟筆和鉛筆，她們可以將這些事物幻化成真。

當課程結束，所有的雜務也做完時，她們就玩一種叫作「視沒你哪」（Smelina）的桌上遊戲。這是在隔離區發明出來的遊戲，有點像大富翁，是一位名叫奧斯瓦德・波克（Oswald Pöck）的工程師設計給小孩玩的，當時這位工程師也被驅逐到特萊辛施塔特來了。

這個遊戲的玩家首先要占領地產，例如滅蟲室（Entwesung）——那是用來清除衣服上蝨蚤並消毒的設備所——或者警衛的營房等等。接下來，不同於大富翁遊

漢娜的一幅圖畫，畫中人們在河邊的陽傘下野餐。

戲裡的玩家蓋旅館，這個遊戲的玩家蓋的是「捆包」（Kumbal），那是警衛營房閣樓上的藏匿處。至於遊戲錢幣，他們製作了隔離區專用的紙鈔，取名為「隔幣」（ghetto kronen）。

雖然這些事情可以讓人暫時忘卻煩惱，但無論如何，漢娜總是處於飢餓和孤單中。她想念喬治想得快受不了了。

然後有一天，納粹宣布隔離區的法令修改，允許女孩子們每週可以外出一次，每次兩個小時。

漢娜立刻狂奔，越過廣場到了男孩宿舍。「喬治！喬治．布拉迪！」她大聲呼喊，「我哥哥在哪裡？你有看見我哥哥嗎？」她奔跑著找遍一間又一間的房舍，詢問每個遇見的男孩子。漢娜急切到甚至打開了浴室的門，然後她看見了喬治。他正埋頭做著他的新工作——修水管。重逢讓人多麼歡樂啊！喬治拋下手上的工具，然後漢娜衝進他的臂彎。他們大笑。他們痛哭。兩個人不停發問。「你都好嗎？你有聽說過任何關於爸爸媽媽的事嗎？你有沒有吃飽？」從那之後，他們緊抓著每一次可以相聚的機會。

喬治認真的承擔起作為哥哥的責任。他覺得保護漢娜，不讓她惹上任何麻煩是他的工作。他想盡量確保她健康又快樂，直到他們能夠再度與爸爸媽媽相逢。

而漢娜也是這樣對待喬治。在特萊辛施塔特，食物永遠不夠，囚犯們每週會領到一小顆配給的圓麵包。漢娜永遠都捨不得吃，她會拿去給喬治，讓他可以變得強壯。

漢娜感覺到，好像有越來越多人來到特萊辛施塔特，每天都有新人報到。一開始是來自捷克斯洛伐克各地的男人、女人和小孩，然後是從歐洲各地來的。每次只要有新的人群抵達，漢娜就會尋找看看有沒有熟悉的面孔。甚至有時候，漢娜鼓足勇氣靠近陌生人，並且問他們：「你們認不認識我的爸爸媽媽？你們有沒有去過一個叫作拉文斯布呂克的地方？我的媽媽在那裡！你們有沒有關於卡雷爾和瑪姬妲·布拉迪的消息？」但她得到的答案總是一樣，只是和善而遮掩不住憐憫的回答說：「沒有，親愛的，我們不認識妳的爸爸媽媽。如果我們聽到任何消息，不管是什麼，我們都會跟妳說。」

然後有一天，真的有熟悉的面孔出現了——那是她爸爸媽媽的一個老朋友，一個沒有兒女的女人。一開始，漢娜非常興奮能夠看見她，任何能讓漢娜聯結到老家的人事物，都讓她感覺到更貼近爸爸媽媽一點點，感覺得到一絲安慰。但突然間，漢娜發現不管她去哪裡，那個女人都在等她。每次漢娜一轉身，就會看見她在那裡。那女人會捏捏漢娜的臉頰，親吻她。甚至有一天，她做得更過分了。

「到我這裡來，小可愛。」那女人說著伸出手來。「還記得我們以前度過的美好時光嗎？不要害羞。妳不再是孤單一人了。妳可以每天來我這裡，來看我。妳可以叫我『媽媽』。」

「我有一個媽媽。」漢娜朝她吐口水：「妳走開！離我遠一點！」漢娜拒絕再看到那個女人。她想念自己的媽媽。沒有人可以取代她的位置。

特雷津，二〇〇〇年七月

在特雷津隔離區博物館，露德米拉坐在辦公桌後方，看著眼前這個年輕的日本女人，端坐在椅子的一小角，隔著辦公桌與她對望。史子的臉上展現強烈的意志。露德米拉喜歡史子，願意幫助她找出更多關於那個女孩的事蹟，那個叫作漢娜．布拉迪的女孩。

她從書櫃裡抽出一本很大的書。書裡列有大約九萬名男人、女人和小孩的名字，都是曾經被囚禁在特萊辛施塔特，然後又被遣送往東方的人。兩人將書翻到姓氏開頭「B」的這一頁：荷米娜．布拉荷瓦（Hermina Brachova）、蘇珊娜．布拉荷瓦（Zusana Brachova）、托瑪斯．布拉答（Tomas Brada）、瑪妲．布拉答科瓦（Marta Bradcova）、茲丹卡．布拉答奧瓦（Zdenka Bradleova）。

「我看到她了！」露德米拉大叫出聲。書上寫著：漢娜．布拉迪，一九三一年五月十六日。

「我要怎樣可以知道更多關於她的事？」史子問。

「但願我知道。」露德米拉回答。

「可是妳看，」史子指著書上另一條記載。那裡有另一位布拉迪，就列在漢娜名字的下方。「這位有沒有可能是她的家人？」史子大聲說出她的疑問。露德米拉看了一下出生日期。比漢娜早三年。「是的，」她說，「這很有可能，有可能這個是她哥哥。納粹會把同家族的人列在一起。」

史子注意到另一件事。在漢娜的名字的旁邊，打了一個勾。事實上，名冊上這一頁的每個名字旁邊都打了勾，只有一個例外。在另一位布拉迪——喬治．布拉迪——名字的旁邊，並沒有打勾。這是什麼意思？

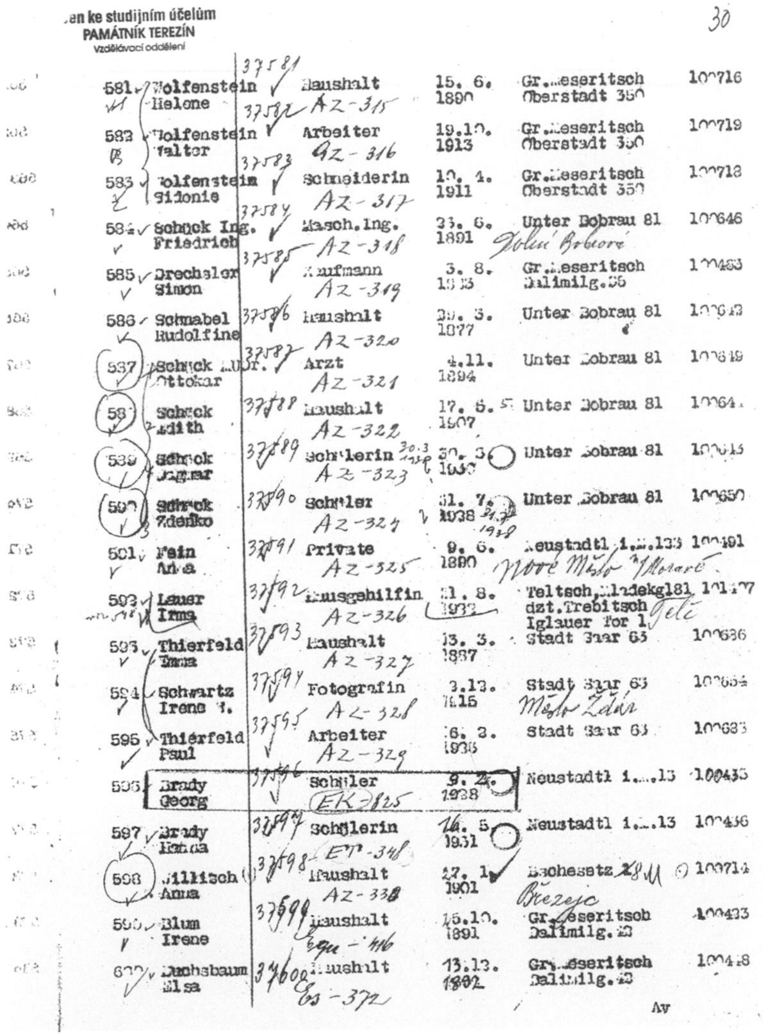

30

581	Wolfenstein Helene	Haushalt	15. 6. 1890	Gr. Meseritsch Oberstadt 350	100716
582	Wolfenstein Walter	Arbeiter	19.10. 1913	Gr. Meseritsch Oberstadt 350	100719
583	Wolfenstein Sidonie	Schneiderin	10. 4. 1911	Gr. Meseritsch Oberstadt 350	100718
584	Schück Ing. Friedrich	Masch. Ing.	30. 6. 1891	Unter Bobrau 81	100646
585	Drechsler Simon	Kaufmann	3. 8. 1883	Gr. Meseritsch Dalimilg. 36	100483
586	Schnabel Rudolfine	Haushalt	30. 3. 1877	Unter Bobrau 81	100648
587	Schück MUDr. Ottokar	Arzt	4.11. 1894	Unter Bobrau 81	100649
588	Schück Edith	Haushalt	17. 5. 1907	Unter Bobrau 81	10064[illegible]
589	Schück Dagmar	Schülerin	30. 3. 1930	Unter Bobrau 81	100645
590	Schück Zdenko	Schüler	31. 7. 1938	Unter Bobrau 81	100650
591	Fein Anna	Private	9. 6. 1880	Neustadtl 1.…133	100491
592	Lauer Irma	Hausgehilfin	31. 8. 1932	Teltsch, Hladekgl 81 dzt. Trebitsch Iglauer Tor 1	101[illegible]7
593	Thierfeld Emma	Haushalt	13. 3. 1887	Stadt Saar 63	100636
594	Schwartz Irene S.	Fotografin	3.12. 1915	Stadt Saar 63	100654
595	Thierfeld Paul	Arbeiter	16. 2. 1936	Stadt Saar 63	100683
596	Brady Georg	Schüler	9. 2. 1928	Neustadtl 1.…13	100435
597	Brady Hanna	Schülerin	16. 5. 1931	Neustadtl 1.…13	100436
598	Willisch Anna	Haushalt	27. 1. 1901	Brchesetz 28	100714
599	Blum Irene	Haushalt	15.10. 1891	Gr. Meseritsch Dalimilg. 23	100433
600	Buchsbaum Elsa	Haushalt	13.12. 1892	Gr. Meseritsch Dalimilg. 23	100418

Av

就是從這頁名冊的紀錄裡，史子發現漢娜有一個哥哥。
（圖片授權：捷克「特雷津博物館」〔Terezín Memorial〕）。

特萊辛施塔特，一九四三年～一九四四年

日子不斷流逝，幾個月過去了，特萊辛施塔特這裡越來越擁擠，越來越狹窄。火車不斷運送來新的人群。這表示每個人能分配到的食物更少了，大家也變得越來越虛弱，生病的人更多了。最年老和最年幼的人是最危險的。

漢娜來到特萊辛施塔特已經一年了。有一天，她收到哥哥喬治傳來的緊急訊息：今晚六點到男孩宿舍來找我。我要給妳一個超大的驚喜。喬治迫不及待要告訴妹妹一個好消息：奶奶在這裡！她是昨天晚上抵達的。

一想到能見到奶奶，兩個孩子都樂瘋了。但他們同時也非常憂慮。喬治和漢娜的奶奶是一個高雅的老婦人，以前住在捷克首都布拉格，過著風雅與舒適的生活。這個家境富裕的老太太，以前還曾送給他們滑板車。每次他們去大都市拜訪她，她總會拿香蕉和柳丁請他們吃。可是這幾年，她已經病得滿嚴重了。她怎麼能

翻修過的特萊辛施塔特隔離區女孩宿舍，漢娜曾經住過這裡。
（攝影：凱西・卡瑟 [Kathy Kacer]）

夠住在這麼可怕的地方？情況很不妙，他們做了結論。

兩個孩子在一間十分擁擠的閣樓裡找到她，那裡住了許多生病的老婦人，每個人都只能睡在乾草堆上。當時是七月，閣樓裡熱氣蒸騰，他們被眼前的景象嚇壞了。他們那個溫柔高雅的奶奶如今看起來十分可怕。她那頭美麗的白髮，以前總是一絲不苟的梳好、盤在腦後，如今卻滿頭散亂。她的衣服破爛不堪，滿是髒污。

「我帶來一張我畫的圖要送給妳。」漢娜大聲說，以為老婦人的臉上應該會露出笑容。但是，她奶奶卻只是轉過頭去。於是漢娜就把那張粗糙的紙對摺，將她的繪畫變成了一把扇子。「好好休息。」她一面用紙張搧出一絲涼風，一面對奶奶說。漢娜覺得很驕傲，可以想出這種方式，讓她的奶奶感覺舒適一點。

漢娜很快就理解了，老人在特萊辛施塔特領到的配給最少，而且也是最差的。她奶奶領到的糧食不但不夠吃，還經常爬滿蟲子。這裡也沒有提供藥品。只要一有機會，兩個孩子就會去探望奶奶，想盡辦法讓她開心，例如帶他們做的手工藝品給她、唱他們新學到的歌給她聽。「這個壞時機很快就會過去了，」喬治對她說。「媽媽和爸爸希望我們都要堅強。」漢娜說。

可是三個月後，奶奶還是去世了。除了漢娜和喬治，根本沒幾個人關心這件事。死亡的氣氛縈繞著每一個人。事實上，這裡有太多人迅速死亡，墓園很快就滿了。漢娜和喬治緊緊抱著對方，試著回憶和奶奶共度的美好時光，然後他們痛哭起來。

隨著越來越多人被送進特萊辛施塔特，同樣的，也有幾千又幾千人從這裡被倒出去。他們被塞進貨車車廂，送往東方，面對不可知的命運。

關於這個遣送過程，有種種的謠言在特萊辛施塔特的圍牆內流傳著。有些人試圖說服自己和別人，東方那邊可能會有比較好的生活等著他們。可是隨著時間過去，關於死亡集中營、關於凌虐、集體謀殺的傳言更加盛行。每次聽見有人談論這些事，漢娜就會摀住耳朵。

每過幾個星期，就會有恐怖的名單在每棟宿舍裡公告。凡是姓名被列入名單的人，必須在兩天內到鄰近車站的一棟大會堂去報到。

名單。到處都是名單。納粹總是很有系統的記錄，而且他們也要所有囚犯明白這一點。透過不斷的清點人數和紀錄名冊，納粹用這個方法來提醒囚犯，一切都在他們的掌控之中。每個人都明白，一旦被記錄、被注意，就意味著很可能會再度被遣送，再一次離開自己的家人和朋友。

有一天早上，漢娜正在做工時，營區裡所有人被喝令停下手邊的工作，到鎮外的一個大操場集合。每一個人，無論老幼。在納粹禁衛軍拿著機關槍押送的情況下，所有人乖乖走出營區，被命令待在那裡，沒有食物、沒有水，現場瀰漫著一股氣氛，感覺有可怕的事情就要發生了。漢娜和其他的女孩嚇得連竊竊私語都不敢。

光是想到有可能和喬治分別，漢娜就受不了。她也不想離開兒童之家L四一〇號的其他女孩們，如今她們就像她的姊妹。她的爸爸媽媽已經離開她了，難道這樣還不夠嗎？艾拉站在她身邊，試著用微笑和眨眼來逗她開心。可是當她們站了四個小時之後，漢娜再也控制不住內心的絕望，哭了起來。

艾拉偷偷遞給她一小片麵包，那是艾拉藏在外套裡的。「漢娜，吃這個，」她悄聲懇求：「妳就會覺得比較好了。」可是漢娜的眼淚還是流個不停。於是這個大女孩轉頭對漢娜說：「妳注意聽我說，」她放低音量：「妳很不開心，而且嚇壞了。這就是納粹希望看到的我們，我們所有人。妳不能讓他們稱心如意，漢娜。妳不能讓他們達到目的。我們比他們希望見到的更堅強、更好。妳必須擦乾眼淚，漢娜，擺出勇敢的臉。」奇蹟似的，漢娜做到了。

納粹的指揮官開始喊出姓名。每個人都被清點。終於，在刺骨的寒風中站立了八小時之後，大家又被喝令回到營區。

到了一九四四年九月，納粹開始認清他們即將輸掉這場戰爭，於是他們宣布，必須有更多人離開特萊辛施塔特。遣送的速度加快了，現在是每天都有新的名單發布。

每天早上，漢娜都會跑到宿舍大樓的入口，心臟激烈跳動著觀看新貼出來的名單。然後有一天，她看見了她最害怕看見的名字——喬治・布拉迪。漢娜雙膝一軟，癱坐在地上開始痛哭。喬治，她最親愛的哥哥，她的保護者，即將被遣送到東方。那個瘦弱的男孩，如今已經是個年輕男人了，他被命令去車站報到，跟其他兩千個四肢健全的人一起。

他們最後一次碰面，地點在男生宿舍和兒童之家L四一〇號之間的骯髒通道上，喬治要漢娜仔細聽清楚他的話。「我明天就要離開了，」他說：「從現在起，最最重要的是，妳要盡可能多吃一點。妳要抓住所有的機會，多呼吸新鮮的空氣。妳要照顧好自己的健康。要強壯起來。這裡是我最後的配糧。妳要把每一片碎屑都吃掉。」

喬治用力抱住漢娜，溫柔的將遮住她眼睛的頭髮撥開：「我答應過爸爸和媽媽，一定會好好照顧妳，把妳安全的帶回家，然後我們就可以全家團圓。我不想破壞這個承諾。」不久，宵禁的哨音響起，喬治離開了。

漢娜變得意志消沉。她無法忍受跟哥哥分別。首先是她的爸媽，現在是喬治。她覺得自己孤單無比的活在這個世界上。有時候，當其他女孩試著逗她開心，漢娜就會把臉撇開，甚至罵她們：「就不能讓我一個人靜一靜嗎？」只有溫柔的艾拉可以說服她吃下微薄的配糧。「妳要記得妳哥哥對妳說過的話。妳得好好照顧自己，保持身體強壯——為了他。」

四個星期之後，漢娜知道她也要被遣送到東方去了。團圓！「我終於可以再次見到喬治了，」她對每個人說：「他在那裡等我。」

她跑去找艾拉。「妳可以幫我嗎？」她問：「我想讓自己看起來好一點，遇到我哥哥的時候，我想讓他看到，我有好好照顧自己。」雖然愛拉也非常恐懼，可是她願意完成這位小妹妹的願望。她對漢娜微笑，然後開始動手。她從抽水幫浦那裡打來一點水，然後用她僅存的一小塊肥皂幫漢娜洗臉，並且清洗了漢娜骯髒、糾結的頭髮。

她用一小片破布，幫漢娜把頭髮綁成一個馬尾。接著又捏捏漢娜的臉頰，讓她看來臉色紅潤一些。艾拉往後站，看看自己努力的成果。漢娜的臉上閃耀著希望。「謝謝妳，艾拉。」漢娜說，她抱住這位大姊姊。「真不知道如果沒有妳，我該怎麼辦。」自從喬治被遣送之後，這是漢娜第一次露出開心的笑容。

那個晚上，漢娜都在整理旅行箱。並沒有太多東西可以放進去：幾件已經很破舊的衣服、一幅她最喜歡的圖畫，那是在弗莉德藝術課完成的作品、一本艾拉送給她的故事書。收拾好一切之後，漢娜鑽進她的舖位，度過她在特萊辛施塔特的最後一夜。

隔天早晨，她和兒童之家L四一〇號的許多女孩一起被押送到火車鐵道去。納粹士兵厲聲喝令，他們的軍犬也露牙叫囂。沒有人敢脫隊。

「妳想我們要去哪裡？」漢娜悄聲問艾拉。沒有人知道答案。女孩們一個接著一個填滿黑暗的貨車車廂，直到車廂裡再也沒有空間。空氣中瀰漫著汗臭味，然後火車車輪開始轉動。

火車聲轟隆了一天一夜。沒有食物。沒有飲水。沒有廁所。女孩子們完全不知道這趟旅程還要多久。她們的喉嚨乾涸，她們的骨頭痠痛，她們的胃餓得絞痛。她們試著互相安慰，唱起來自故鄉的歌。「來，靠在我身上，」艾拉溫柔的說：「妳聽，漢娜。」

每當我難過想要大哭，
就會想想蜈蚣。
想像用那麼多腳走路，
比起她我過得不算差。

女孩們手牽手。她們閉上眼睛，試著想像自己正在他方。每個女孩想像的世界不一樣。當漢娜閉上眼睛，她看見了哥哥堅強的微笑臉龐。

然後在一九四四年十月二十三日的半夜，火車的車輪突然發出一陣尖銳的聲音，接著便軋吱軋吱停了下來。車門打開。女孩們被號令離開貨車車廂。奧許維茲到了。

有一位怒氣騰騰的衛兵命令她們安靜，立正站好在月台上。他一手用繩索緊勒住一條看似隨時準備猛撲的大狗，視線迅速的逐一檢視著人群。他另一手的皮鞭啪的揮向一個女孩，那女孩一向對自己的身高感到尷尬。「妳，」他說：「去那邊，去右邊！」接著，他又揮鞭指向另一個年長的女孩：「妳，也去那邊！」然後他召集一隊正站在月台邊的年輕士兵，對他們下令：「把她們帶走！馬上！」他指著漢娜和其他的女孩。巨大的探照燈幾乎閃瞎了女孩們的眼睛。「把妳們的旅行箱放在月台上！」那些士兵命令。

漢娜和年紀較長的室友們聽命行動。她們在一群兇猛獵犬及穿軍服男人的目光監視下，穿過一道厚重的鐵門。漢娜緊握著艾拉的手。她們經過許多高聳的營房，看見許多臉龐枯瘦如骷髏的囚犯，穿著條紋制服從門縫裡偷窺。她們遵從號令，進入一間巨大的建築物。在一聲恐怖的巨響中，身後的門關上了。

特雷津，二〇〇〇年七月

「這些打勾代表什麼意思？」史子問道，她正讀著有漢娜．布拉迪和喬治．布拉迪的頁面。

露德米拉遲疑了一下，然後小心翼翼的說：「名字旁邊有打勾的，表示那個人沒有生還。」

史子垂下目光，再度看著那一頁資料。漢娜的名字旁邊有打勾。就像另外一萬五千名從特萊辛施塔特送去的兒童，漢娜在奧許維茲去世。史子閉上眼睛，她早就預想到這個可怕的事實。可是，聽見這件事被說出來，看見它被登錄在紙上，仍然是個打擊。史子安靜的在椅子上坐了好一會兒，試著消化這一切。

終於，她收拾起情緒，打起精神，然後抬起頭。漢娜的故事並沒有結束。現在，史子比以往更加渴望知道她的一切——為了自己，也為了遠在日本那些等她回家的孩子們，更為了漢娜曾經有過的記憶。她下定決心，無論如何，不能讓這個生命被遺忘，這個遭遇了如此不公對待，而且在如此稚幼年紀就結束的生命。這是她的使命，她要確保漢娜的記憶不會被遺忘，所以她的追尋還沒有結束。

「喬治．布拉迪的名字旁邊，並沒有打勾。」史子說：「有沒有可能，」她結結巴巴的說：「我們可以找到他？他後來發生了什麼事？他去了哪裡？他還活著嗎？」如果能找到喬治，也許能幫她發現更多關於漢娜的事。史子激動得身體都顫抖了。

露德米拉憂傷的目光越過辦公桌看著史子。她可以看出史子真的很渴望知道。「我完全不知道他後來發生了什麼事。」她溫和的說：「戰爭已經結束很久了，妳知道的。他有可能去了世界上任何一個角落，甚至可能早就改名換姓了。或者，他也可能已經過世了，在戰爭結束的許久以後。」

「拜託，」史子懇求說：「請幫我找到他。」

露德米拉嘆了一口氣，她轉身到書架上搜尋，那裡塞滿了各種裝訂好的名冊。「我們可以試著從這些名冊中找線索。」她說。經過了一個小時，史子和露德米拉找遍了各名冊，希望有關於喬治・布拉迪的紀錄。最後，他們終於找到了一個。

他被列在兒童之家L四一七號的囚犯名冊裡，那是特萊辛施塔特的男孩囚區。那些男孩的名字六個一組，因為鋪位的安排是上下三層，兩個男孩共用一張床墊。當露德米拉查看有誰跟喬治・布拉迪關在一起時，她抬頭看了史子一眼，露出有眉目的神情。

「庫爾特・郭多茲（Kurt Kotouč），」她說：「庫爾特・郭多茲，」她又重複說了一遍：「我記得這個名字。他還活著。我想，喬治・布拉迪的這位鋪友曾經住過布拉格，不過我不知道他住在哪。如果我們能找到他，或許他可以告訴妳漢娜哥哥的情況。不過很不幸，我這裡沒有進一步的資料可以幫妳。妳可以到布拉格的猶太博物館試試，那裡也許有人能幫妳的忙。」

史子再三感謝露德米拉為她所做的。她擁抱了一下露德米拉，並承諾一旦調查有了結果，就馬上告訴她。露德米拉祝福史子幸運。然後史子拿起手提箱匆匆跑出辦公室，奔向小鎮的廣場。前往布拉格的公車即將出發。

布拉格，二〇〇〇年七月

史子只剩下幾個小時，明天一早她就要搭飛機回日本。等巴士一抵達布拉格，她立刻雇了輛計程車。「請到猶太博物館。」她極力穩住自己的氣息。

她正好趕在猶太博物館閉館之前抵達。警衛叫她明天早上再來。「不行，」史子懇求：「我明天早上就必須回日本了。我是來這裡跟蜜海拉・哈耶克（Michaela Hajek）會面的。她曾經幫我找到一些非常重要的圖畫。」看到警衛好像不太相信的樣子，於是史子撒了個小謊。「她正在等我。」史子滿臉自信的告訴那個男人。結果，他就讓她進去了。

這一次，幸運之神總算眷顧了史子。她要找的女人正在辦公室裡，而且還記得漢娜的故事。她仔細聆聽史子解釋她發現了什麼。

「我知道庫爾特・郭多茲，」蜜海拉沉穩的說。史子簡直不敢相信她的耳朵。

「我會試著幫妳聯絡他。」蜜海拉承諾。她理解史子的時間很緊迫。

於是史子安靜的坐在一旁，等蜜海拉撥出一通又一通的電話。和蜜海拉通上電話的人，都給了她另一個電話號碼去試試，並祝福她尋找順利。終於，她聯絡上郭多茲先生擔任藝術史研究員的辦公室。蜜海拉把電話遞給史子，讓史子自己跟對方解釋她在找什麼。那個辦公室的秘書願意幫忙，但她告訴史子，郭多茲先生當天晚上就要到國外出差。「我很抱歉，」她對史子說：「我沒辦法幫妳約時間會面。」不行，他甚至連打電話的時間都沒有。

蜜海拉看見史子的臉垮了下來。於是她拿回電話，親自跟那位秘書懇求。「妳一定不知道我眼前的這位女士有多麼急切。她明天一早就要回日本了。這是她唯一的機會。」最後，那位秘書終於動了憐憫之心。

兩個小時後，天色暗了下來，博物館的門也關了，所有的工作人員都下班回家了。可是，有一間辦公室的燈還亮著。在那裡，史子和蜜海拉正在等候著郭多茲先生的到來。

終於他來了。他是個大塊頭，有著明亮的眼睛，以及有一堆話想說。「我只有半小時空檔，」他說：「然後就得去搭飛機了。沒錯，我記得喬治・布拉迪。在特萊辛施塔特的時候，我們共用同一張床墊，也分享了很多其他的東西。你絕對不會忘記在特萊辛施塔特那種地方認識的人。不只這樣，」他說：「我們到現在還是朋友。他住在加拿大的多倫多。」

郭多茲先生拿出一個小皮革筆記本。「這就是妳在找的。」他說，臉上掛著微笑。他寫下喬治・布拉迪的住址，遞給史子。「噢，郭多茲先生，我非常、非常感謝您。」史子說。

「祝妳幸運。」他說：「我很高興日本的孩童願意理解大屠殺的教訓。」然後，郭多茲先生幾乎飛也似的離開了辦公室，手上還拎著行李。

史子笑得闔不攏嘴。她所有的堅持在這一刻都有了回報。她告訴蜜海拉，很感謝有她幫忙。

隔天早上史子坐上飛機，準備回日本。她坐在位子上，整個人還處於亢奮的狀態。她試著回想所有發生的事，準備跟資料中心的孩子們分享。想到漢娜有一個哥哥的時候，史子忍不住想起了自己的妹妹，妹妹也是小自己三歲。史子一直都是妹妹的保護者，這時她開始想像，如果妹妹遇到危險，她會怎麼做。這個念頭讓她發抖。

她望著窗外，腦中浮現整個故事，一幕又一幕。一個小時後，她沉沉睡著了，這是這麼久以來第一次，她睡得這麼沉。

東京，二〇〇〇年八月

回到日本以後，史子召集小翅膀開了一次特別會議。她跟小翅膀的成員們分享她這一路追查的點點滴滴。首先是告訴他們壞消息。孩子們在她身旁圍成一個圓圈，然後她用平靜的聲音說，漢娜死在奧許維茲的集中營。其實這件事，小翅膀們早就猜到了。

「可是我發現了一個奇妙的驚喜。」史子說，孩子們的臉龐亮了。「漢娜有一個哥哥叫做喬治，而且他活著離開集中營！」

瞬間各種問題飛快迸了出來。「他在哪裡？」舞子問。有一個男孩子想知道「他多大年紀？」「他知道漢娜的旅行箱在我們這裡嗎？」小旭問。史子把她所知道的一切都告訴他們。然後她說，當天晚上她就可以連夜寫封信給喬治。

「我們也可以一起寄東西給他嗎？」舞子問。於是，年紀較長的孩子們就散開到資料中心各個安靜角落去寫詩。

「那我可以做什麼？」小旭問舞子。

「你可以畫一幅漢娜的畫。」舞子回答。

「可是我又不知道她長什麼樣子？」他說。

「就按照你的想像去畫她。」舞子說。於是小旭就這麼做了。

史子謹慎的遣詞用字寫了一封信。她知道這封信必然會帶給喬治很大的震撼。她也知道有些大屠殺的生還者根本拒絕談論自己曾經歷過什麼事。她擔心喬治的回憶也許是非常心酸又痛苦的，以至於他根本不想聽見關於漢娜的旅行箱，以及遠在日本東京的大屠殺教育資料中心。

史子影印了漢娜的圖畫，將它們小心的包裝好，並附上小翅膀們的手寫詩文和繪畫。然後她將這個包裹拿到郵局，手指交叉祈禱，並將它寄到加拿大。

東京大屠殺教育資料中心的孩子們悼念漢娜。
他們用漢娜的德文拼寫，因為那是寫在旅行箱上的名字拼法。

加拿大多倫多，二〇〇〇年八月

那是一個溫暖、充滿陽光的八月下午。七十二歲的喬治・布拉迪提早下班回家，打算在空無一人的房子裡享受安靜的午後時光，並處理一些帳單。當郵差的腳步聲傳來時，他正坐在餐桌旁，聽著信件被塞進門洞，然後咚的一聲掉落地面。我待會去拿，他心裡想著。緊接著，門鈴響了。

他打開門，看見郵差站在那裡。「這一件塞不進去。」郵差說完，遞給喬治一個包裹。包裹上蓋著日本的郵戳。這會是什麼？喬治好奇想著。他不認識任何住在日本的人。

等他打開包裹，開始讀信時，他的心狂跳起來。他閉上眼睛。睜開，用力眨眼，好確定他剛讀到的內容是真的。難道他是在做白日夢嗎？

失去妹妹漢娜是他心底最深、最隱密的傷痛。這傷痛伴隨著他度過了半個世

漢娜的哥哥，喬治・布拉迪的近照。

紀，而且始終沒辦法平復那種感覺：自己應該要保護好小妹的。

如今，不知怎麼的，她的故事竟然越過了半個地球被廣為傳誦，她的生命竟然被致敬。喬治受到震撼。他坐了下來，思緒回到五十多年前。

一九四五年一月奧許維茲被解放，當時喬治・布拉迪十七歲。他從這個恐怖的集中營生還，靠著年輕力壯，靠著運氣好，也靠著他在特萊辛施塔特學會的本事——修理水管——重新展開人生。一開始被解放時，他非常虛弱，瘦到皮包骨。可是喬治仍然憑著驚人的意志力，設法回到了故鄉諾夫梅斯托納馬瑞夫——去找他的父母親和妹妹漢娜。他迫切的想要和家人重新團聚。

他一路步行、搭火車、搭便車，終於在一九四五年的五月回到心愛的家。他直接跑到路德維克姑丈和海妲姑媽的家，那是他在這世上唯一認識的家庭，也是愛與安全的所在。當他們打開門，發現是他們的外甥站在那裡時，姑姑和姑丈撲倒在他身上——擁抱、親吻、撫摸、哭泣——完全不敢相信喬治活著回來了。

可是，重逢的狂喜卻很短暫。「爸爸媽媽呢？」喬治問。路德維克姑丈和海妲姑姑不得已只好告訴他殘酷的事實。一九四二年，媽媽瑪姬妲從拉文斯布呂克被送到奧許維茲，然後在哪裡被殺死。爸爸卡雷爾也是同一年在那裡被殺的。「那漢娜呢？」喬治低聲問。但他的姑姑和姑丈也不知道，只知道漢娜同樣被送去了奧許維茲。

好幾個月過去了，喬治懷抱著虛幻的希望，也許漢娜正在某個地方，也許哪一天她就會出現了。他搜尋著每個年輕女孩的臉、每一個閃過眼前的綁馬尾女孩、每一個踩著輕快步伐過馬路的健康孩子。有一天，喬治在布拉格大街上巧遇一位十幾歲的少女。她停在喬治面前。

「喬治嗎？」她問道：「你不就是喬治・布拉迪嗎？漢娜的哥哥？我叫做瑪姐。我認識漢娜。以前在特萊辛施塔特的時候，我們所有的大女孩都好愛漢娜。」喬治看著瑪姐的眼睛，無聲詢問著，滿懷希望。瑪姐懂了，原來喬治不知道她妹妹最後的情況。「喬治，」她告訴他，平靜而憂鬱的握著他的手。「漢娜後來被送到奧許維茲，死在那裡的毒氣室，就在她抵達那裡的同一天。我很抱歉，喬治。漢娜已經死了。」

喬治的膝蓋一軟，整個世界一片黑暗。

多倫多，二〇〇〇年八月

時間過去了半個多世紀，自從喬治得知雙親和妹妹的噩耗之後，發生了很多事情。十七歲的喬治離開了故鄉諾夫梅斯托納馬瑞夫。他在歐洲各地流浪，從一個城市搬遷到另一個城市，身上帶著唯一珍藏的家產——一盒家人的照片，那是路德維克姑丈和海妲姑姑幫他藏起來的。

然後，在一九五一年初，他搬遷到了多倫多，和另一位大屠殺倖存者一起創設了一家配管公司。他們的事業做得很成功。喬治結了婚，成為三個男孩子的爸爸，過了許多年後，他又多了一個女兒。

喬治很驕傲自己能夠展開新生活，繼續向前邁進——儘管他經歷了大屠殺的磨難，儘管他的父母和妹妹都被納粹殺死了。如今他已經是個成功的企業家，一個自豪的父親。他總認為自己是一個健康的人，大致上來說，他已經把戰爭的陰影拋在身後了。然而，不管他如何事業有成，不管他再怎麼開心，心底總是不時縈繞著他那年幼而美麗的妹妹，以及她遭遇的厄運。

如今，他就在多倫多這裡收到了遠從半個地球之外的地方寄來的一封信，告訴他說，妹妹的旅行箱幫助了新世代的日本孩子認識大屠殺。這位石岡史子的信上還委婉的請求他協助。

請原諒我的這封信，如果因為我提到你過去的痛苦經歷，而讓你感到傷痛。可是，如果你能夠告訴我們關於你和妹妹漢娜的故事，我們會非常感激。我們很希望能夠了解在你們被送進集中營之前，你和漢娜相處的那些時光，所有你和她聊過的事情，關於你和她的夢想。任何事情我們都有興趣知道，那會幫助日本的孩子們更加貼近你和漢娜。我們很想知道當年猶太兒童所遭遇過的種族歧視、排除異己，以及仇恨迫害。

如果可能，我們很希望能跟你商借任何一張家族照片。我明白大部分的大屠殺倖存者在失去家人的同時，也失去了他們的家族照片。但如果你手上有任何照片，那一定會大大的幫助我們實現目標，也就是，讓每一個日本小孩有機會去認識大屠殺。我們是位於東京的大屠殺教育資料中心，這裡有一群叫小翅膀的孩子，他們聽說漢娜有一個哥哥還活著時，都非常興奮。

信上署名石岡史子。

喬治簡直難以置信。多麼神奇的連結和奇妙的巧合，竟然能將三個不同的世界拉在一起：日本兒童的世界、加拿大喬治現在生活的世界，以及一個來自捷克斯洛伐克、死亡多年的猶太女孩和她所失去的世界。喬治擦掉臉頰上的淚水，對自己微笑了。漢娜的年輕臉龐清晰浮現在眼前。他幾乎可以聽見她的笑聲，感覺到握在他掌心的柔軟小手。喬治走到一座木製大衣櫃前，拿出一本相本。他得趕快跟石岡史子連絡。

ホロコースト教育資料センター

Tokyo Holocaust Education Resource Center

~For Children, Builders of Peace

〒160-0015 東京都新宿区大京町28-105
TEL：03-5363-4808 FAX：03-5363-4809

28-106 Daikyo-cho,Shinjuku-ku Tokyo,160-0015 JAPAN
TEL：+81-3-5363-4808 FAX：+81-3-5363-4809

E-mail：Holocaust@Tokyo.email.ne.jp
Homepage：http://www.ne.jp/asahi/holocaust/tokyo

Mr. George Brady
23 Blyth Hill Road
Toronto 12, M4N 3L5
CANADA

August 22, 2000

Dear Mr. Brady,

We take a liberty of addressing and telling you about our activities in Japan. My name is Fumiko Ishioka and I am Director of Tokyo Holocaust Education Resource Center. In July this year I met with Mr. Kurt Jiri Kotouc in Prague and I got your address from him. The reason why I am writing to you is because we are now exhibiting your sister, Hanna Brady's suitcase at our Center. Please forgive me if my letter hurts you reminding you of your past difficult experiences. But I would very much appreciate it if you could kindly spare some time to read this letter.

Please let me start with a little explanation on what we do in Japan. Tokyo Holocaust Education Resource Center, established in October 1998, is a non-profit, educational organization that aims at further promoting understanding of the history of the Holocaust especially among young children in this country. Children here do not have a chance to learn about the Holocaust, but we believe it is our responsibility too to let our next generation learn the lessons of the Holocaust so that such a tragedy would never be repeated again anywhere in the world. As well as learning the truth of the Holocaust, it is also very important for children, we believe, to think about what they can do to fight against racism and intolerance and to create peace by their own hands.

Besides welcoming children at our Center for exhibition and study programs, this year we organized a pair of traveling exhibition, "The Holocaust Seen Through Children's Eyes" in order to reach more children living far from our Center. For this project, we borrowed some children's memorial items from individuals and museums in Europe, one of which is Hanna Brady's suitcase from the museum of Auschwitz. Many children are now visiting our Center to see this suitcase to learn about the Holocaust. In June, furthermore, we held the Children's Forum on the Holocaust 2000, where our Center's children's group "Small Wings" did a little opening performance on Hanna's suitcase. "Small Wings" is a group of children, aged from 8 to 18, who write newsletters and make videos to let their friends know about the Holocaust and share what they learn from it. At the Forum they decided to use Hanna's suitcase to do an introduction for their friends who have never heard of the Holocaust. It successfully helped participants of the Forum focus on one little life, among one and a half million, lost during the Holocaust, and think about importance of remembering this history.

When I received the suitcase from the museum of Auschwitz, all the information I had were things written on the suitcase, her name and her birthday, and from the Terezin memorial book I got the date when she was deported to Auschwitz. I could also find 4 of her drawings from Terezin. But that was all. Hoping to get more information on Hanna, I went to Terezin in July, when I found your name on the list I got from the ghetto museum and heard that you survived. I was then so lucky to find Mr.Kotouc in Prague and met with him, from whom I heard you now live in Toronto. Those children of "Small Wings" were all so excited to know Hanna had a brother and he survived.

I was wondering if you would kindly be able to tell us about you and Hanna's story, the time you spent with Hanna before sent to the camp, things that you talked with her, you and her dreams, and anything that would help children here feel close to you and Hanna to understand what prejudice, intolerance and hatred did to young Jewish children. If possible, I would be grateful if you could lent us any kind of memorial items such as your family's photo, and so on. It will greatly help us further promote our goal to give every child in Japan a chance to learn about the Holocaust.

Thank you very much for your time. I would very much appreciate your kind understanding for our activities.

I look forward to hearing from you.

With kindest regards,

Fumiko Ishioka
Director
Tokyo Holocaust Education Resource Center

史子寫給喬治的信。

東京，二〇〇〇年九月

自從她寄出那封信到多倫多以後，史子就開始焦慮不安。喬治・布拉迪會回信嗎？他會願意幫助我們認識漢娜嗎？就連送信到教育資料中心的郵差都知道史子有多麼盼望。「今天有沒有從加拿大寄來的信？」只要一看見郵差出現在教育資料中心門口，她立刻就會問。郵差實在不想看見她失望的表情，但是日復一日，他只能回答「沒有」。

然後，就在這個月的最後一天，史子正在教育資料中心裡接待四十位訪客。他們是一群老師和學生，來到教育資料中心認識大屠殺，並且觀看那只旅行箱。透過窗戶，史子從眼角瞄到郵差正快步走近資料中心，臉上掛著一個超級大的笑容。史子連忙跟那群師生告退，迅速跑過去見那位郵差。「妳等的東西來了。」他笑得很開心，然後遞給她一個從多倫多來的厚信封。

漢娜。

「噢，謝謝你，」史子大叫：「謝謝你帶給我美好的一天。」

她把信封拿進辦公室，拆開。當她打開折疊的信件時，一疊照片滑了出來。有四張是漢娜的照片，金色頭髮圍攏著她微笑的臉。

史子尖叫。她實在忍不住了。有一些參訪的教師和學生衝到她的辦公門口。「怎麼啦？發生了什麼事？」他們問。

「沒事，」她告訴他們，但說出來的字句都在顫抖。「我只是太開心了，太興奮了。這裡，你們看，這是漢娜的照片。這就是那位美麗的小女孩，我們費了千辛萬苦才知道她的故事。」

伴隨著那些照片，還有一封喬治寫來的長信。從這封信裡，史子了解到漢娜在諾夫梅斯托納馬瑞夫小鎮度過的快樂童年，認識了她的家人，也知道了漢娜多麼熱愛滑冰和滑雪。令人感到安慰的是，在戰爭毀滅一切之前，漢娜曾經擁有美好的生活。

然後，史子也了解到關於喬治的事。當她讀到他在加拿大的生活，他的孩子和孫子，史子的內心迸發出快樂。她哭了起來。他活了下來，她對自己說著，一遍又一遍。他活著。更重要的，他擁有一個美麗的家庭。史子等不及要告訴小翅膀們這個好消息。

東京，二〇〇一年三月

「鎮定點！」史子笑著說，「他們就快到了，我保證。」

可是不管她說什麼，今天早上孩子們還是非常焦躁不安。他們在教育資料中心的各個角落忙個不停，低聲交談、檢查自己的詩、一遍又一遍拉好身上的衣服、講一些白癡笑話，好讓時間趕快來到。連史子自己也神經兮兮的，雖然她的任務是要安撫其他每個人。

然後，等待終於結束了。喬治．布拉迪來了。他還帶來了他十七歲的女兒，拉拉—漢娜。

瞬間，所有孩子都變得非常安靜。在教育資料中心的門口，他們圍著喬治，向他敬禮，這是日本人的傳統禮節。喬治回禮。小旭獻給喬治一個用各種色紙折成的花圈。所有小孩輕輕推擠著，只為了能更靠近喬治一點。這幾個月來聽史子提起喬

喬治搭機到日本，在東京大屠殺教育資料中心裡對孩子們談話，在他講話的同時，史子拿著一張大照片，上面是漢娜的旅行箱。
（版權來源：中国新聞社提供）

治的事，如今終於能見到本人，孩子都興奮極了。

史子扶著喬治的手臂。「請跟我們到這裡來，看一下你妹妹的旅行箱。」他們走到展示區去。史子托著他一隻胳臂，小女兒拉拉挽著另一隻。然後，喬治終於看見了那只旅行箱。它就在那裡，被一群孩子包圍著。

突然間，一股難以抑制的悲傷湧上心頭。那只旅行箱就在這裡。她的名字就寫在箱子上頭。漢娜·布拉迪。他那漂亮、強壯、調皮、憨厚、愛玩的妹妹。她那麼年少就死了，而且是在那麼恐怖的情況下死的。喬治低下頭，任由眼淚奔流。

但是，過了幾分鐘之後，等他抬起頭，他看見了小女兒。他看見了史子，她費了多大的努力才找到了他和漢娜的故事。然後他看見了一張張期盼的幼小臉龐，因為這些日本兒童，漢娜才變得如此重要，才復活了。

最後喬治明白了，漢娜的願望之一已經實現了。如今漢娜已經變成了一位教師。因為她——她的旅行箱和她的故事——成千上萬的日本小孩也學會了一些事，喬治相信那些是這世上最重要的價值：和平寬容、相互尊重，以及同情理解。史子和這些孩子們給了我多麼美好的禮物啊，他心裡想著。而他們帶給漢娜的，又是多麼大的榮耀啊。

史子請孩子們圍成一個圓圈坐著。當所有的孩子——一個接著一個——將他們為漢娜寫的詩文和繪畫獻給喬治時，史子露出驕傲的笑容。等他們結束以後，舞子站起身，深呼吸一口氣，然後大聲朗讀一首詩：

漢娜．布拉迪才十三歲，她是這只旅行箱的主人。
五十五年前的一九四二年五月十八日，就在她十一歲生日的兩天後，
漢娜被送往位於捷克斯洛伐克的特雷津集中營。
一九四四年十月二十三日，擠在恐怖車廂裡的她又被送往奧許維茲，
然後立刻被送進了毒氣室。
每個人只能帶一只旅行箱上車。
我好奇漢娜的旅行箱裡裝了什麼。
漢娜現在應該六十九歲，但是——
她的生命終止在十三歲。
我好奇她是個什麼樣的女孩。

她在特雷津畫了一些圖，
這是她留給我們的唯一東西。
這些圖畫告訴我們什麼？
是家人的快樂回憶嗎？
是未來的夢想和希望嗎？
為什麼她會被殺？
理由只有一個。
因為她生為猶太人。
姓名：漢娜．布拉迪；生日：一九三一年五月十六日；孤兒。
我們小翅膀，將要告訴日本每一個孩子關於漢娜發生的事。
我們小翅膀，永遠不會忘記那一百五十萬名猶太小孩發生的事。
我們孩子們可以創造一個不同的世界，讓世界和平，讓大屠殺永遠不再發生。

小翅膀們撰文二〇〇〇年十二月，日本東京。
石岡石子翻譯自日文。

當舞子（站在最左邊）朗讀時，其他小翅膀的成員們高舉著標語說：「讓我們學習、思考，並且行動，為二十一世紀創造和平。」

後記

關於《漢娜的旅行箱》的故事，不斷為我們帶來驚奇。二〇〇四年就在一趟前往波蘭的旅程中，喬治和史子發現，原來漢娜的那個旅行箱早就被毀掉了。一九八四年在英國伯明罕（Birmingham）一場懸疑的火災中，漢娜的旅行箱和其他許多來自大屠殺的物品都被燒掉了。

奧許維茲博物館因此根據照片為那個旅行箱做了一個仿真品，或者說，複製品。東京的石岡史子和小翅膀們所收到的旅行箱，就是那個複製品。根據奧許維茲博物館的政策，當他們出借物品時，如果不是原件，就會跟對方清楚說明。但這次卻不小心出了錯。喬治和史子完全不知道那個旅行箱是複製品，直到他們最近前往波蘭*時才發現。

後來在討論這件事的時候，所有參與的人都很慶幸，當初奧許維茲的管理員不怕麻煩，特別製作了這個幾可亂真的仿製旅行箱。如果沒有這只旅行箱，史子就不會開始追尋漢娜的故事。那麼，她就不會找到喬治，而我們今天也不會讀到關於《漢娜的旅行箱》這個故事。

如今，《漢娜的旅行箱》已經被翻譯成二十多種語言，發行四十多個國家，全世界有成千上萬個兒童閱讀過這個故事。史了、喬治和那只旅行箱持續在世界各地旅行，分享有關漢娜的故事、歷史所給予我們的教訓，並且傳遞寬容共存的訊息。

＊譯註：戰後奧許維茲重新劃歸波蘭領土。

Hanna Brady 625
geb. 16/V. 1931
Waisenkind

獻詞

首先，也是最重要的，我要感謝喬治・布拉迪和石岡史子。這是他們的故事。他們兩人都以無與倫比的奉獻精神與慷慨無私，幫助我完成了這本書。他們都是具有極大毅力，又富有同理心的人，憑著一股願力，希望帶領這個世界邁向更美好的境地，也因此讓世人關注且尊崇漢娜・布拉迪帶給我們的記憶。我要向他們致敬。

當我第一次知道漢娜的旅行箱，是透過保羅・朗根（Paul Lungen）發表在《加拿大猶太新聞報》的一篇報導，當時我讀得熱血沸騰，內心無比感動。它讓我決心走出自我流放的生涯，也因此，十幾年前我製作了我的第一部紀實廣播劇。這個成品就是二〇〇一年一月在加拿大廣播公司（CBC）【週日專題】播放的《漢娜的旅行箱》。

那次廣播之後，我接到的第一通電話就是瑪姬・沃爾夫（Margie Wolfe）打來的。她哭著對我說，一定要馬上動筆寫這本書。瑪姬是我這世上最喜愛的人之一，她是一位極度忠實的好朋友，也是一個喜歡嬉鬧、行為古怪、活力充沛又睿智的女人。如今我還可以故作冷淡的稱呼她為「我的出版人」。

除了瑪姬之外，還有莎拉·施瓦茲（Sarah Swartz）在編輯過程中協助潤飾文稿，讓它更加清晰文雅。傑弗瑞·肯東（Jeffrey Canton）以及「第二個故事出版社」的女職員們卡洛琳·佛斯特（Carolyn Foster）和蘿拉·邁科迪（Laura McCurdy）也做出了很重要的貢獻。

雷諾·貢薩維斯（Reynold Gonsalves）明白，如果沒有他在廣播錄音室以及電腦方面的專業與耐心，我的生活一定會比現在更加紊亂。也謝謝卡蜜莉塔·田納賴芙（Carmelita Tenerife）的支持和泰瑞莎·布拉迪（Teresa Brady）的好意。

謝謝我的閨蜜好友們，她們在我進行這次寫作計畫時，充當我的啦啦隊、保母及全方位支持者：蘇珊娜·包以斯（Susanne Boyce）、凱特·寇荷蘭（Cate Cochran）、喬伊·克萊斯戴爾（Joy Crysdale）、布魯克·富比士（Brooke Forbes）、法蘭欣·派樂提爾（Francine Pelletier）、婕若汀·薛爾曼（Geraldine Sherman）以及塔琳·法坦尼安（Talin Vartanian）。

我還要特別謝謝九歲的瑪德琳・寇荷蘭（Madeline Cochran）擔任我初稿的最早閱讀者。她（以及她的母親）給了我很棒的建議。

這世上沒有哪個女兒能比我得到更多來自父母的支持和鼓舞。我的母親海倫和我的父親吉爾，教導我非常多的事，其中包括了要頌揚人類在逆境中的奮鬥、要了解過去、要為更美好的未來而努力。他們也給了我全世界最好的大姊露熙・塔瑪拉（Ruthie Tamara），她在每一方面都給予我鼓勵。

我的愛人，同時也是我的生命伴侶麥可・恩萊特（Michael Enright），他比我更早相信我可以撰寫一本書，而且他從不放棄任何機會告訴我應該這麼去做。他相信我做得到，而且他對這本書的寫作計畫無比熱情，讓我既驚嚇又振奮。在寫作的每一個階段，他都給予我需求的養分，又在我需要時刺激我，而且給我足夠的空間去寫作。我真心感謝這一切。同時，我也非常感謝恩萊特家的孩子們（丹尼爾、安東尼和南西）的真誠相待。

我的兒子加百列・澤夫・恩萊特・樂文（Gabriel Zev Enright Levine）現在六歲大，他年紀還太小，沒有辦法理解漢娜的故事。不過等他長到足夠大的時候，我會讀給他聽。我希望他會被漢娜、喬治及史子的故事吸引，就像我一樣。我也希望他能夠從這個故事裡學到歷史的教訓，並相信除了那無法形容的邪惡之外，這世界仍然有好人和善行，會帶來改變。

紀錄片《打開漢娜的旅行箱》劇照

© 2009 菱形媒體公司（Rhombus Media Inc.）賴瑞・溫斯汀（Larry Weinstein）執導

在紀錄片《打開漢娜的旅行箱》中，年輕女演員仁紀絲卡・哈奴秀娃（Jindřiška Hanušová）模擬真實漢娜的照片拍攝劇照。漢娜的真實照片就是本書封底的那一張。

以下所有照片由卡黛琳娜・思謀波多瓦（Kateřina Svobodová）拍攝。

紀錄片中重現了一九三〇年代漢娜快樂的幼年生活，當時納粹還未掌權。

這一幕中，兩位小演員仁紀絲卡．哈奴秀娃和丹尼爾．哈耶克（Daniel Hájek）演出一九三八年的漢娜和喬治。當時納粹已經在德國取得政權，並且攻占了奧地利。周遭的大人開始談論戰爭，而漢娜和喬治無憂無慮的童年也一去不復返。

一九三八年的頭幾個月，對漢娜而言是一段充滿驚恐的日子。

紀錄片中重塑了漢娜前往奧許維茲的旅程。玲達・德瑞瑟勒若瓦（Linda Drexlerová）飾演年紀稍長的漢娜，她正排隊等著納粹衛兵在她的旅行箱上寫上個人資料。

玲達．德瑞瑟勒若瓦傳遞出漢娜孤單抵達奧許維茲時驚恐與憂慮的心情，而且她不知道是否還有機會和哥哥及爸爸媽媽重逢。

漢娜的旅行箱
Hana's Suitcase

作　　者：凱倫．樂文（Karen Levine）
譯　　者：周惠玲
社　　長：陳蕙慧
責任編輯：李嘉琪
協力校對：周惠玲
封面設計：白日設計
內頁排版：陳佩君

讀書共和國集團社長：郭重興
發行人兼出版總監：曾大福

出　　版：木馬文化事業股份有限公司
發　　行：遠足文化事業股份有限公司
地　　址：231新北市新店區民權路108-2號9樓
電　　話：(02) 2218-1417
傳　　真：(02) 2218-1009
Email：service@bookrep.com.tw
郵撥帳號：19588272木馬文化事業股份有限公司
客服專線：0800221029
法律顧問：華洋國際專利商標事務所 蘇文生律師
印　　刷：呈靖彩藝有限公司
初　　版：2019年1月
初版四刷：2021年4月
定　　價：300元
ISBN：978-986-359-635-6
木馬臉書粉絲團：http://www.facebook.com/ecusbook
木馬部落格：http://blog.roodo.com/ecus2005

國家圖書館出版品預行編目

漢娜的旅行箱 / 凱倫 . 樂文 (Karen Levine) 作 ; 周惠玲譯 . -- 初版 . -- 新北市 : 木馬文化出版 : 遠足文化發行 , 2019.01
面 ; 公分
譯自 : Hana's suitcase : a true story
ISBN 978-986-359-635-6(平裝)

1. 歷史 2. 猶太屠殺 3. 兒童文學

712.84 107022563